老板与shui
税

[创业人 税之道]

郝龙航 王骏 张研 ◎主编

中国市场出版社
China Market Press

·北京·

编 委 会

主　编

郝龙航　王　骏　张　研

副主编

姜瀚钧　吴　涛　包　军　李兵兵

编委名单（排名不分先后）

郝龙航	大力税手创始人　中翰税务合伙人
王　骏	大力税手投资人　中翰税务合伙人
张　研	大力税手投资人　中翰税务合伙人
姜瀚钧	德衡律师集团
吴　涛	国家税务总局哈尔滨市税务局
包　军	国家税务总局临夏州税务局
李兵兵	广东德赛集团有限公司
于　江	京师律师事务所税务学院
张　晨	中翰联合（北京）
李存周	中翰英特（天津）
胡　锋	中翰德嘉（温州）
王　战	中翰盛胜（郑州）
王　蓓	中翰海阳（上海）
朱志春	中翰益商（长沙）
吴鸿雁	中翰钧正（秦皇岛）
杨国涛	中翰锦源（广州）

大力税手知识分享平台
www.dlsstax.com

创业之路，充满艰辛与不确定，
其中的税务风险，尤其不为企业家所左右。
税法的刚性与执行理解空间，
值得我们好好品味……

序 I
PREFACE

一直以来，税务服务者、税收征管者们，都将较多的精力放在努力培训我们企业的财税人员上，以期使大家真切地爱上税，更进一步，可以据此获得持续成长，精神物质皆丰收。但是我们忽略了一个严重的问题——真正想达到目标的人是谁？是企业的投资人。可惜的是，部分投资人对于财税价值的理解往往不到位。他们并不认为财税工作十分重要，觉得这只是一个技术活而已。他们更关心EMBA的圈子社交、资本市场的蓝图、一些国学大师的传授，在交际应酬上颇为用心，有些还会参与"灰色"的甚至违法的活动，等等。

立足于现实，不得不承认，纳税问题是一个小企业成长中受到的很大挑战，这是一个根本性的企业成长的保障。特别是对创业企业而言，其经营可能过于激进，如果超越了税法支持的安全方式，可能就会爆发无法控制的税务风险，创业梦想也就无从实现。对于经营成熟的企业而言，如果要在资本市场上获得更大价值，税收优惠与税务安排就更重要了，因为利润的溢价空间远超过利润本身。

还有一些情形与税收筹划息息相关，比如基于资产重新配置的需要，在变现前需先计缴公允价值计量下的纳税义务实现，老板对此表示不理解。对此情形，我们的税收政策也有"无税"支持的操作方式。

在引入资本的环节，老板的价值体现更宜有个载体，这也可以借助财税架构与经营模块配置来实现。至于利用财税工具调剂会计利润，有时老板可能想不明白，但是证券市场的规则就是这样的。因此，老板们要把握底线、理解规则、合规利用规则，发现价值、创新价值。但是，谁来助力老板实施呢？

本书希望通过简单的故事或事项，带着大家来认识财税功能、财税规则、财税价值，主动防范风险，且从容有所为。

由于本人水平有限，书中观点恐有不妥之处，恳请批评指正。书中所称"小编"或"我们"是指作者本人或者作者团队。与此同时，感谢这么多伙伴加入我们的知识众筹，我们也期待为财税服务者、企业财税从业者提供一个更专业的分享平台。

如果你有何问题，请通过微信联系第三只眼（微信号：18601122942）。

郝龙航

北京大力税手信息技术有限公司

2018 年 8 月

序 II
PREFACE

作为经常接触企业老板的一线工作人员，我们在实务中发现，老板们对纳税有以下误解：

一是与己无关。很多老板认为，涉税事项是财务经理、会计的事，老板无须懂税收。老板没有意识到，在经营决策时，必须考虑税收因素。

二是不懂避税。有的老板要求财务人员及时足额纳税，却不知道以合理、合法的方式享受节税的优惠政策。老板没有认识到"合法节税就是省钱，省钱就是赚钱"的道理。

三是心存侥幸。有的老板要求财务人员采取隐瞒收入、取得虚开发票等手段少缴税。老板没有意识到，随着金税三期的全面上线，税收征管大数据时代已经到来。依据长期积累的纳税申报信息、财务报表信息、发票信息、银行账户交易信息等来自各方面的共享比对，税务机关将比以往任何时候都更加清晰地透视纳税人的经营及纳税情况，如果采用过去一些传统的偷漏税手段，将面临极大的风险。

针对上述问题，本书侧重从三个角度予以说明：

从经营的角度，讲述在签订合同等经营活动中，如何规避涉税风险。

从节税的角度，讲述一些税收筹划的方法，使老板认识到税收筹划的重要性，在经营决策时要关注产业优惠政策，合理避税。

从税务机关执法的角度，讲述调查存款账户等稽查方法，从而使老板意识到一些做法存在涉税风险，及时地纠正错误，规避风险。

不同于大多数专业性强、枯燥难懂的涉税书籍，本书突出了以下特点，更加便于税收基础薄弱的老板们阅读：

■ 针对性。紧紧围绕老板们经营中容易出现的涉税问题，有针对性地筛选案例编写。

■ 故事性。以讲故事、讲案例的形式，将现实事件整理为50个事例展示给大家，一个事例一个知识点，通俗易懂，印象深刻。

■ 实用性。对于老板如何加强税收风险管控、降低税收风险和防患于未然，每个案例故事都具有极高的参考价值。

"叙述中道真理，方寸间现风险"，正是本书的价值所在。

本书没有对涉税事项进行简单、空洞的说教，而是从一个老板税务顾问的角度，用讲故事、谈体会的活泼形式，全面深入地揭示了常见税务风险的识别和处理，着眼于税收风险防范，落脚于对税收法律的遵从。

这是一本能让老板有所收获的书，老板把这本书放在案头，时常翻阅，能够得到很好的借鉴和启发。

吴　涛

国家税务总局哈尔滨市税务局

2018年8月

序Ⅲ
PREFACE

在依法治国的方针下，税务问题作为企业经营的一条"高压线"，还未得到广大企业家的充分重视。企业家的思维不能老停留在过去，必须与时俱进。新经济环境下，一个企业的成功往往是战略管理的成功，是领导者有战略思维的表现。领导者没有战略思维，企业战略必然出问题。企业战略有问题，单纯依靠改善内部运营效率，业绩改善的效果必然有限。企业税务管理战略作为企业管理的重要组成部分，在规范企业行为、降低企业税收成本、提高企业经营效益、规避税务风险、提高企业税务管理水平和效率方面有决定性的作用。随着经济一体化进程的加快，企业间竞争日趋激烈，作为企业发展总设计师的企业家们，增强企业税务管理意识，显得尤为重要。

商场如战场，如何更好发掘税收竞争优势，是当下个税改革、社保税务统征大环境下每个企业家面临的现实问题。

为帮助企业家了解我国最新税务环境、税务改革的方向，决策本企业的税务规划方案、解决实操中的税企分歧，"大力税手"及专家团成员依托数十年的实战积累，为企业家们建立了一个可以受益终生的"税务思维"模型，此书定会成为您手边给力的财税规划顾问。

王 战

河南中翰盛胜税务师事务所有限公司

2018年8月

序Ⅳ
PREFACE

在长期从事企业财税专业服务的进程中,我经常会接触到民营企业老板、政府行政部门负责人、国企老总。谈起"税"事,他们确实有很多有趣而又值得深思的观点和经历,然而,目前市场上几乎看不到一本由具有丰富专业财税服务经验的机构负责人编写、汇集工作中所遇真实故事、所思所想的书。

记得"大力税手"运营总监郝龙航先生找我写《老板与税》那天,我刚好到一家建筑工程公司做企业税务健康诊断服务。后来向老板汇报情况,我说:"贵公司的财务风险很大,不少列支的工程成本不符合国家税法的规定。"老板抽了一口烟,漫不经心地说:"我们搞建筑工程的企业差不多都是一样的。"就这样聊了半个小时,我了解了这家公司在经营过程中遇到的实际情况和造成财务风险的原因。临走的时候,我说了一句话:"我们都知道外面天天都有人犯罪,难道我们也要跟那些人一样吗?"老板听了一脸茫然,似乎突然明白了……

作为一个专业的财税服务工作者,需要有很强的服务沟通能力,才能把复杂的法规规定及有价值的规划服务方案通俗明了地传达给老板,帮助其清晰理解和执行。

本书站在企业负责人的角度,围绕其在经营过程中遇到的财税风险问题处理和理解,以及国家财税法规的相关规定,展开详细阐述。在解决企业经营过程中遇到的现实问题和财务风险控制、政策执行等方面,本书都会令广大财税工作者和企业经营者耳目一新,如沐春风。在当今社会不断创新改革发展的大浪潮下,作为一名热爱财税服务的工作者,我非常乐意将身边的故事呈现给广大读者,让制定财税政策的政府部门更多了解企业经营的困难,让广大企业老板及管理层严格遵循国家政策刚性规定,让广大企业财务人员主动提升企业经营核算的合规性、创造性,为提升税企融合、更好控制企业财税风险略尽绵力。

杨国涛

广州中翰锦源税务师事务所有限公司

2018 年 8 月

序 V
PREFACE

一直以来，在微观层面，税、税收、税务都是财务人员的事情，是"发票报销"和"填表报税"的代名词，在企业里，好像随便什么人都可以捎带着干。但毕竟事情归员工负责，利益归投资者所有。从老板的经济身份讲，他既是自然人又是企业经济人，税收会沿着这两条路径跟随其左右，相伴其一生。不是吗？

首先，个人角度来讲，老板自身作为一个纳税人，个人所得税是其一生中最大的税种：分红、股票、房产等个人财富的纳税和税务规划，家族财富管理、继承等的税务规划，即使在辉煌一生的最后一刻，财富继承带来的税收问题也会同其如期相遇。即便我们或我们的家人移居海外，税收也无处不在，只不过换了个地方而已。

其次，作为企业老板，更多是集投资者和经营者于一身，美丽光环的背后，对税收不屑、不惑甚至不顾的大有人在。企业也有同自然人一样的生命周期，不论是选址地域、投资行业、身份选择、上下游合作伙伴选择，还是组织架构、资本架构的选择，等等，税收因素都如影随形。只不过，在这个令人眼花缭乱的年代，我们可能过度关注商业模式、沟通资源、"互联网+"和融资渠道等外围问题，税收被置于次要、间接的地位。殊不知，税收是成本一部分，也是收益的一部分；是风险的所在，也是机遇的所在。同"镜子效应"一样，你随身带着，离不开它，需要时，你认真地看到它，它才能望见你。

最后，既然老板有双重身份，那么，个人利益和行为同企业高度融合在一起，彼此之间的税收交织在一起，合理和不合理的、合法和不合法的、公允和不公允的，在税收面前都会重新定义和明晰，甚至被否定。经济行为现在时侧重纳税遵从和税收风险的防控，将来时侧重税收规划，万不可待到对过去的经济行为进行税收检查时，再去付出不必要的代价。纳税信用等级评价、金税三期的威力早已"名扬天下"。

中翰税务专注于税务咨询，在传统税务服务基础上，中翰创新地将税务服务与信息技术结合，不仅为客户提供法规应用、风险提示，而且提供给税务从业者管理的信息化工具，让理论体现为真正的实践价值，也让税务从业者从烦琐的税务数据中解放出来，以更高的管理来提升税务管理水平，突破当前企业税务内控的困局，致力于提供可实践的解决方案与防范性的税务服务流程，是中翰持续成长的追求与根本。

本人曾为天津市企业家联合会做过专题税务培训，敬佩企业家辛苦打拼的同时，也感受到企业家们对税收政策的渴望和重视。《老板与税》正是广大企业家热切盼望的，更是广大财税人员不可多得的富有中翰税务特色的专业书籍。纵览本书结构及内容，赏心悦目，就像在午后的咖啡屋里，睿智幽默的老友将专业的话题娓娓道来，令人赏心悦目，醍醐灌顶。纵览全书，作者的用心和专业造诣跃然纸上，呈现如下特点：

1. 案例丰富。全书的 50 个案例，正是 50 个蕴含酸甜苦辣的税收故事，在情节意境中，让读者感受税收离你如此之近，仿佛你就在其中。

2. 内容翔实。案例涉及创业、投资、融资、发票、分红、上市、股权激励、家族财富等企业整个生命周期内的"税事"，从税收的角度洞察您和企业的昨天、今天、明天。

3. 结构合理。每个案例包括摘要、案例描述及解析和我们的建议，融入了中翰税务"税务咨询 客户案例处理回复函"的结构形式，没有形式上的浮华和躁动，只有专业上的细腻和用心，体现了作者税务专业服务工具化的理念，让读者从中有所感、有所得、有所悟、有所用。

书中自有黄金屋。愿本书成为老板们案头的工具书和百宝书，为您的事业发展提供新视角和新动能，让您重新认识税收，关注税收，利己，利人、利国。

李存周

天津中翰英特税务师事务所有限公司

2018 年 8 月

序Ⅵ
PREFACE

2016年5月1日起,我国全面实施营改增政策,这是自2012年以来的第四轮营改增试点。至此,增值税全面覆盖了货物、服务、无形资产、不动产的流转环节。但是,服务、无形资产和不动产的流通领域经营业态复杂多样,经营模式与货物流通领域的工商企业有很大区别,伴随而来的是税收政策日益复杂,难以驾驭。特别是,在各种税收政策层出不穷的今天,增值税和其他税种结合的操作难度进一步加大,让创业者和企业财务人员难以掌握,疲于应对各种税收事务。

长期以来,我国税收法律处于一种不健全、不完善的状态,大量的征税依据是国务院制定的行政法规和税务主管部门颁布的规章和规范性文件,税收政策的运用从理论到实践还有很大的空间。

税收是纳税人与国家之间发生关系最重要的连接点，纳税人、税务机关执法人员、法官、律师、会计师、税务师是实施和运用税收政策的主要人员，应该清醒地认识到税法领域与生俱来的局限性。模糊性、滞后性、内部的不协调性及外在的不周延性在税收规范性文件上表现得尤为突出，而在税收征管实践中就需要依靠大量的规范性文件去执行。还有因个体差异在税收政策的理解和执行上出现的偏差，这些都会给企业带来极大的税收风险。

税收政策只有在被适用到具体的案例中，转化为对政策的适用规则之后，才能形成真正的实践价值。在我国市场经济飞速发展的今天，民商事交易类型日益复杂，现有的税法规定永远滞后于税法实践。在实践中，创业者和企业财务人员更想关注、更想了解税收政策的原则规定和尽可能多的实务操作方法，以便在更多的商业模式中综合比较、全面分析，在涉税问题上作出最优选择。

针对这一实际，"大力税手"创作团队在郝龙航（第三只眼）的带领下，为帮助众多的创业者和财务人员全面、准确、深入地掌握各种涉税政策，在对各种涉税政策进行精准解读的基础上，依据大量的实践案例创作了《老板与税》一书。本书有以下特点：一是全面，有代表性地收集了在涉税领域的各个部门法律规则，以便在具体案例中践行。同时，也可查询到相关政策，起到工具书的作用。二是融合，把现行各个税种的税收政策具体体现在相关案例中，做到有机融合，以便读者通过相关案例了解各种涉税政策。三是实用，书中包含大量实务案例启示、分析解析意见、风险提示建议，帮助读者理解涉税政策并增强实务操作能力。四是具体，对具体案例的涉税政策重点难点进行了深度解析，可以帮助读者深刻理解涉税政策中的实质与导向。

再次感谢第三只眼及"大力税手"团队。"大力税手"团队由具有丰富实践经验的律师、会计师、税务师及税务从业人员组成，是一个开放的、有活力的、有凝聚力的税收政策研究团队，不同领域的专业人士都可以在这个平台上切磋技艺。

《老板与税》是"大力税手"团队基于敏锐精准的实务操作实践创作而成的，目的是在税收专业知识和创业者及企业财务人员之间建立一个高效的桥梁和渠道。希望这本"从实践中来，到实践中去"的书，能为创业者和税务从业人员学习和研究税收政策提供一些帮助。

包 军

国家税务总局临夏州税务局

2018 年 8 月

序 VII
PREFACE

收到"大力税手"运营总监郝龙航老师发来的《老板与税》书稿,作为"大力税手""播菜"合伙人的我感到非常高兴。"大力税手"是中翰税务诸多合伙人牵头发起设立的互联网税务服务平台,这本书由多名中翰税务的合伙人共同撰写,是一本很有实务指导意义的税务书籍。两年来,"大力税手"一直在为税务从业者提供各类税务专业书籍和税务工具书,受到业内专业人士的好评。这本新书《老板与税》专门为广大的老板们撰写,书中的 50 个案例是老板们经常会遇到的问题,也是经常会掉入的税务"陷阱",作者为老板们进行问题疏理并且提供了许多很好的建议,确实非常"接地气"。"接地气",才更有价值!

美国伟大的科学家,著名的政治家、文学家和航海家本杰明·富兰克林曾经说:"世界上只有两件事是不可避免的,那就是税收和死亡。"只是老板们经常疾呼,税负痛苦指数太高啦!这可能就存在自我改善的空间。

其实，国家近几年一直希望通过各项税收制度改革和扩大税收优惠来降低企业税负，从营改增全面推开，到近两年不断扩大小微企业税收优惠，再到对重点鼓励行业的企业税收优惠，以及简并增值税税率、加速折旧等税收优惠的不断出台。但税收减免有时却掉入了"西虹市陷阱"。

当下，税收监管体系、信用体系日渐完善，包括营改增的实施让交易上下游借由发票互相监督完税，以及税务部门打击偷逃税力度不断加大，企业纳税成本越来越复杂。老板们在严监管的形势下，在合规化完税的需求下，迫切需要学习和了解税法实务知识，来降低公司运营和自身税收风险、降低税收成本，这本书给了老板们很多很好的专业建议。

对于广大中小企业老板来讲，完成IPO是理想目标。然而，从以往IPO的情况来看，财税问题往往是"拦路虎"。而这些财税问题，特别是一些资本性税收问题，许多都是前期经营过程中未能妥善处理带来的。如何识别并妥善处理这些问题，如何避免因税务风险而给公司长远发展带来影响，正是老板们需要密切关注的，本书也给出了丰富的案例和很好的建议。

这本《老板与税》，立足现在税务机关采取以大数据比对监管、信息管税的大环境,对老板们在日常经营过程中常常会遇到的问题以及在股权、资本运作中经常会出现的问题进行了案例分析,并提出了处理建议,为老板们解决这些实际问题提供了思路。虽然每个企业的实际情况不同,企业遇到问题时仍建议请专业税务师对具体情况加以分析并有针对性地提供解决方案。可以说,这本书是老板们随时可以借鉴的税务"工具书",值得老板们阅读,相信会给大家提供很多帮助。

王 蓓

上海中翰海阳税务师事务所有限责任公司

2018年8月

目录

PART 1　老板初创企业时期的税收决策问题

1.1　不同类型企业运营的涉税成本比较 / 3

1.2　个人以 9 万亿元技术出资,是天方夜谭还是励志故事 / 8

PART 2　老板经营企业中的"公私分明"问题

2.1　老板买车记 / 23

2.2　股东从企业借钱的故事 / 29

2.3　股东借款给企业的涉税问题 / 42

2.4　个人资产无偿给企业用的问题 / 47

2.5　老板的招待支出该如何入账 / 51

PART 3　老板都要面对的征管问题

3.1　选择小规模纳税人还是一般纳税人做生意 / 57

3.2　增值税专用发票与增值税普通发票的区别,这一招必须懂 / 62

3.3 一个地址成立多家公司可能带来哪些影响 / 69

3.4 虚开发票离我们有多远 / 72

3.5 发票事项知多少，搞懂了发票就处理好了一半的税事 / 84

3.6 企业的社保与纳税信用状况对老板有何影响 / 95

3.7 到异地经商或施工，税收征管有何影响 / 103

3.8 国地税合并对个人和企业的影响 / 113

3.9 错（多）缴税如何申请退回 / 118

PART 4 老板容易忽略的税务合规问题

4.1 社保基数的问题 / 125

4.2 少缴了员工社保怎么办 / 132

4.3 公司收入被存入老板个人账户，税务局是怎么发现的 / 136

4.4 老板个人掏腰包为员工发放工资有何风险 / 143

4.5 老板如何报销费用 / 146

4.6 "两套账"有其阳光一面，也有其"阴暗"一面 / 150

4.7 合同签订中的税务影响因素 / 153

4.8 代持股权在法律与税务上的处理差异 / 162

目 录

4.9 老板在多个企业发工资的问题 / 169

4.10 影视演员"阴阳合同"下创业人的合规之道 / 172

4.11 创业企业的商业模式与税收规则的冲突与协调 / 178

4.12 企业收益"公转私"的方式与风险防范 / 185

PART 5 老板要学会的检查应对问题

5.1 遇到税务检查如何办 / 191

5.2 税务机关在日常监管中有哪些方式 / 197

5.3 涉税争议中纳税人如何保障自己的权利 / 202

5.4 员工举报企业税务问题会有什么结果 / 208

5.5 税务机关的税款追征期限是如何规定的 / 217

PART 6 老板还需了解的税收规划问题

6.1 家族企业成长中的财税权责风险 / 223

6.2 税收对家族财富管理的影响 / 227

6.3 让政府补助离我们不再遥远 / 236

6.4 企业被收购或接受增资情形下如何纳税 / 245

6.5　在新三板上市对企业的纳税影响 / 250

6.6　收购个人股权再转增股本（分红）时特定情形不再计缴个税 / 256

6.7　如何为员工发放工资最有节税效果 / 268

6.8　小微企业的税收优惠，小心生意做多了反而"吃亏" / 271

6.9　警惕税收优惠陷阱，霍尔果斯"税收洼地"要不要去 / 276

6.10　个人所得税与企业所得税的"重复征税"问题 / 284

6.11　个税改革对企业家的影响有多大 / 288

6.12　如何实施员工股权激励 / 292

6.13　对外捐赠注意方式与形式 / 296

6.14　因税负问题中断的上市公司并购重组，是否仍存在 / 303

6.15　老板与财务总监之间战略与战术的差异与协调 / 315

6.16　企业需要配备什么样的会计人员 / 318

6.17　财税服务机构日常可为企业做什么 / 322

PART 1

老板初创企业时期的税收决策问题

1.1
不同类型企业运营的涉税成本比较

摘要：我们经常会发现，海外上市的企业，特别是在香港、美国上市的企业，往往设置了很复杂的股权与业务架构。一般人可能在想，搞得这么复杂意欲何为呢？另外，即使是国内上市的企业有的也比较复杂，设置了包括合伙企业、有限公司等形式在内的持股平台和业务模块，我们如何来认识其中的价值并有效借鉴呢？

现阶段，个人在"做生意"的过程中，可以有众多的身份选择，而不同的身份，其业务模式与税务管理方式是不一样的。本节主要从大的框架上与大家分析一下不同主体之间商业、税务两个因素的不同（见表1-1）。

表 1-1

主 体	企业所得税与个人所得税[a]	计税方式	发票开具	备 注
自然人	仅个税	往往以提供劳务为主，或者有一些个人物品销售，多由购买单位代扣代缴个税，个人之间的交易监管往往不到位，主动计税者或扣缴者相对少	主要是个人开具收据，少量可能去税务机关代开发票，还有不多的情形是可以由代征单位一并向税务机关申请代开；多数情形下可代开普通发票，偶有列举情形如出租不动产、销售不动产的可代开专用发票	受限于经营主体与个税每次计量的成本与频率，无法普遍提供增值税专用发票，商业空间不大
个体户	仅个税	从业形式多样，按5%~35%超额累进税率依规定计算生产经营个人所得税，但多数存在所得税是核定征收的	可以成为一般纳税人，可以开具增值税专用发票	适合个人工作室[b]、个人文化、培训或建筑施工、饭店等
个人独资企业	仅个税	同上	同上	适合个人以企业方式运营，但是承担无限责任
合伙企业	仅个税[c]	合伙人按分配比例计算依5%~35%超额累进税率规定计算生产经营个人所得税	同上	2~50人，分无限责任与有限责任合伙人

续表

主 体	企业所得税与个人所得税[a]	计税方式	发票开具	备 注
有限公司	企业所得税税后分配股息红利仍缴纳个人所得税	企业所得税,通常是25%,享受优惠税率可以是15%、10%,免税等	同上	作为有限责任的公司,更宜隔离企业家的风险
股份有限公司	同上	同上	同上	可以登陆资本市场实现股权流通

a. 本书中,个人所得税或简称为个税。
b. 受举报事件影响,影视工作室已开始要求查账征收。
c. 企业作为合伙人的计缴企业所得税。

补充一点,从控制权的角度来说,在个人独资企业、个体户中,个人对企业具有控制权。而对于合伙企业来讲,则有一般合伙人与有限合伙人之分,当下多是成立有限合伙企业,前者承担无限责任,后者承担有限责任,即前者多是运营者,后者多是融资者。目前持股平台、基金等多有存在合伙企业的模式,主要是作为一般合伙人易于控制企业决策权,且无公司的一些决策程序,而且并不根据资金多少来分配投票权与分配权,是基于合伙人协议来决定,具体可以区分情形进一步参照《合伙企业法》[1]的规定

---

[1] 本书涉及的法律名称多略去"中华人民共和国",如《中华人民共和国合伙企业法》简称为《合伙企业法》。

来详细确认。

通常来看，有如下几个方面要关注：

一是与大家有利益影响的，公司在缴纳完企业所得税之后，再作分配时需要扣缴20%的个人所得税，这里存在重复征税的问题。

二是个人独资企业、合伙企业适用5%~35%的税率，不存在上述的重复计税问题。还有一点，即有生产经营所得时，即使不分配也要算个税，这个是个人独资企业、合伙企业独有的特性，公司则不是这样处理，企业所得税缴纳之后，只要不作股息红利分配，就不发生个人所得税应税义务。

三是公司的经营是不是有风险。公司是有限责任，而个人独资明确是属于无限责任的，合伙企业中的一般合伙人都是无限责任，有限合伙企业的普通合伙人是无限责任，有限合伙人是有限责任。在经营的风险越来越多样化的时候，这一点还是需要重点考虑的。

但是，一般合伙人的无限责任并非不可规避。比如大家所熟悉的一些上市公司，在搭建投资架构时，先成立一家有限责任公司，再作为一家合伙企业的一般合伙人，尽管这似乎"突破"了无限责任的想法初衷，但当下却是一种"安全"风控架构。

我们的建议

设立哪一类公司,是做大做强,还是小本经营,利益为先,需要根据需要选择,并没有绝对的标准。去海外上市的公司可能套路相近,主要是不断地加层级隔离风险,但是随着中国近年来税收主权管理的大力推进,特别是利益流出到海外上市主体的时候,轻易不能享受一些协定(安排)的优惠条款。尽管目前在推进"实际管理机构所在地"纳入中国所得税征税管辖权方面仍以企业主动提出为主,但肯定受到的影响与不确定性仍较大。

大多数的创业企业可能还是立足国内,开始时不妨以个体经营的方式进行;但如果是共同投资的模式,且经营也是有风险的,有限责任公司是比较有利的选择,此时也有利于引进外部投资者。

1.2
个人以 9 万亿元技术出资，是天方夜谭还是励志故事

> **摘要：** 个人以非货币性资产出资，工商登记如何认、认多少，税务上如何计税，这两个问题首先要了解清楚。如果以技术"高价"出资来达到增加资产的目的，对于债权人、其他股东来说，在价值评估认定上是否能得到认可，也是一个问题。本案例最终就因出资价格设想超高而未能实现出资认可。

这个故事，是自然人利用技术出资，却没有得到登记机关认可的出资争议事项，我们且来看看，出现了哪些问题，在利用技术出资时，该如何了解其规则。同时还要延伸考虑，这其中是不是要计缴税款、缴多少税的承担问题，有没有国家优惠政策等，

从而有所心得。

先看看新闻报道的简要描述：

增资9万亿遭拒　起诉工商局[1]

原告称手中两项专利价值极大　被告认为对方无能力认缴出资承诺

陈先生是昌平一家能源技术公司的法定代表人，因认为自己手中的两项专利可以"产生极高的社会价值"，为此向昌平区工商分局提出申请，要求将公司的注册资本增资至9万亿余元。工商分局审核后拒绝了其申请，为此陈先生代表公司将其起诉至法院。昨天上午，昌平法院公开审理了这起行政诉讼案件，而昌平区工商分局局长也亲自出庭应诉。

案件起因：申请增资9万亿遭拒

昨天上午，陈先生作为昌平一家能源技术公司的法定代表人出庭参加了诉讼。

---

[1] 何欣.增资9万亿遭拒 起诉工商局[N].北京晨报，2015-06-27.

据陈先生说，今年 3 月 26 日，陈先生代表其公司向昌平工商分局提出申请，要求对方将其公司的注册资本增资至 987 654 321 万元，而其未通过他的申请。为此，陈先生起诉昌平工商分局，请求法院撤销其的驳回通知书。

陈先生表示，根据新《公司法》的规定，对公司注册资本的要求是上不封顶，下不设限。据此，他召开了公司的股东大会，决定将公司注册资本由原来的 148 万元增加至 987 654 321 万元。

原告说法：自称专利有极高价值

"我是经过谨慎研究和考虑的，我的专利技术经过我 38 年超前研究，能够解决雾霾问题，这是我知识产权的见证，可以为国家减少石油等能源的消耗。我申请增资是为国家做出贡献，同时也是为了扩大经营，创造更大的利润服务社会。"陈先生说。

北京晨报记者了解到，陈先生手中的两项专利技术分别是"雾霾沙尘过滤清新空气气流发电机"和"高速地下铁路网"，"第一个是利用空气进行发电，第二种专利没有危害、没有污染，一年四季都能使用。"陈先生如此介绍自己的专利。

对于为什么申请 987 654 321 万元，他说，"考虑到这个数字比较全，是全世界第一个，且代表我的知识产权的价值。"记者了

1.2 个人以9万亿元技术出资,是天方夜谭还是励志故事

解到,他还在辽宁省申请注册一家 123 456 789 万元注册资本的公司,目前仍在办理中。

工商局回应:非理性认缴或扰乱市场

昨天上午,昌平区工商分局局长作为行政机关负责人亲自出庭应诉,并和单位法制科及登记科的工作人员一起坐在被告席上。

面对起诉,工商分局方面称,3月18日,陈某来到工商分局表示要将注册资本增至 987 654 321 万元,此巨额增资引起了局登记部门的高度重视,因此对其进行了详细询问并审查了其提交的相关材料。为证明自己的能力,陈某还向工作人员出示了手机微博,该微博曾向国家领导人建议实施其专利发明,但微博已被封号。陈某表示他已走投无路,前些天还因透支多张信用卡差点被警方带走。

面对工作人员的询问,陈某表示自己其实"一毛钱都没有"。在了解情况后,对此巨额出资,工商分局认为陈某并未具备理性的认缴出资承诺,存在可能危害交易安全及扰乱市场秩序的风险,才做出了驳回其申请的决定。

"认缴不是不缴,而是应当与公司的资本能力相匹配,原告应对公司认缴出资负责,我局负有审慎审查的职责。"工商分局的工

作人员表示,"原告陈述的专利的价值并没第三方评估,且原告说这是原告的梦想,但这也要考虑是否能够实现,我局经过审慎审查后,决定对原告申请不予变更登记符合法律规定。"

如果你是一个创业者,你或许也是一样,认为自己手中的技术有巨大的价值,足应引起资本的关注,市场前景无限好。在当下公司法的框架内,是不是可以得到认可,同时税收上有哪些成本需要考虑呢?

我们先来看看本案诉讼的结果如何吧!

北京金电兴旺能源技术有限公司与北京市工商行政管理局昌平分局其他二审行政判决书(摘录)

原法院认为:

根据《公司法》第二十七条和二十八条的相关规定,股东应当按期足额缴纳公司章程中规定的各自所认缴的出资额,对作为出资的非货币财产应当评估作价,核实财产,不得高估或者低估作价。陈凯表示其认缴的出资主要以其知识产权出资,而其提交的两项实用新型专利并未经有权机关评估作价,现有证据无法证明该两项实用新型专利的价值可能达到 987 654 321 万元人民币,也不能证明陈凯可以以其认缴的出资额对公司承担责任。昌平工商分局在受理金电兴旺公司变更注册资本登记的申请后，经审查决定对金电兴旺公司的变更申请不予登记，是依法履行职责的行为。

金电兴旺公司向原审法院提交了下列证据：1."一种雾霾沙尘过滤清新空气气流发电机"《实用新型专利证书》（证书号第3089381号），2."高速地下铁路网"《实用新型专利证书》（证书号第3235448号），3.《一种雾霾沙尘过滤清新空气气流发电机项目可行性研究报告》，上述证据证明金电兴旺公司知识产权的价值。

本案中，陈凯主张以两项实用新型专利作为其认缴的987 654 301万元人民币出资额，但其并未按照《公司法》第二十七条的规定对前述专利予以评估作价。因此，昌平工商分局认为陈凯未作出理性的认缴承诺，并决定对金电兴旺公司变更注册资本的申请不予登记，未违反《公司法》及《注册资本登记制度改革方案》的规定和要求。一审判决驳回金电兴旺公司的诉讼请求正确，本院应予维持。金电兴旺公司关于两项实用新型专利无价的上诉理由，缺乏事实和法律依据，其要求撤销原判、判令昌平工商分局给金电兴旺公司进行注册资本变更登记的上诉请求，本院不予支持。

结果处理的依据是什么？没有评估作价，话说要是评估了，估计也没有评估所会给出这个数据，这是基于法律规定的凭据判断,但是如果出资额评估后确定为 5 000 万元该怎么呢?

我们从税的角度延伸分析一下,估计上述出资的事项,单税款就缴不起!通常情形之下会发生这些涉税事项(见表 1–2):

表 1–2

税 项	计税方法	说 明
个人所得税	非货币性出资价扣除成本后的 20%计缴个人所得税[1]	如果成本无法确定,则可以核定方式计缴
印花税	产权转移书据按个人与公司各万分之五计缴印花税,资金账簿按公司万分之五的 50%计缴印花税	50%优惠政策从 2018 年 5 月 1 日起实施

---

[1] 还有两种情形可以选择:一是依据财税〔2015〕41号:纳税人一次性缴税有困难的,可合理确定分期缴纳计划并报主管税务机关备案后,自发生上述应税行为之日起不超过 5 个公历年度内(含)分期缴纳个人所得税。
二是依据财税〔2016〕101 号:
"三、对技术成果投资入股实施选择性税收优惠政策
(一)企业或个人以技术成果投资入股到境内居民企业,被投资企业支付的对价全部为股票(权)的,企业或个人可选择继续按现行有关税收政策执行,也可选择适用递延纳税优惠政策。
选择技术成果投资入股递延纳税政策的,经向主管税务机关备案,投资入股当期可暂不纳税,允许递延至转让股权时,按股权转让收入减去技术成果原值和合理税费后的差额计算缴纳所得税。
(二)企业或个人选择适用上述任一项政策,均允许被投资企业按技术成果投资入股时的评估值入账并在企业所得税前摊销扣除。
(三)技术成果是指专利技术(含国防专利)、计算机软件著作权、集成电路布图设计专有权、植物新品种权、生物医药新品种,以及科技部、财政部、国家税务总局确定的其他技术成果。
(四)技术成果投资入股,是指纳税人将技术成果所有权让渡给被投资企业、取得该企业股票(权)的行为。"

续表

税　项	计税方法	说　明
增值税	可能认可的情形下按"技术转让"免税，如果不能则计缴3%的增值税，不过个人此情形下不能代开专用发票，公司不能抵扣，相当于税负还是很重的	技术包括专利技术和非专利技术
附加税费	如果有增值税，则按增值税的12%、7%或1%选择计缴附加税费	免增值税时则没有附加税费

但是我们要明确一下，非货币性资产出资一定要评估吗？

《公司法》规定：

第二十七条 股东可以用货币出资，也可以用实物、知识产权、土地使用权等可以用货币估价并可以依法转让的非货币财产作价出资；但是，法律、行政法规规定不得作为出资的财产除外。

对作为出资的非货币财产应当评估作价，核实财产，不得高估或者低估作价。法律、行政法规对评估作价有规定的，从其规定。

第二十八条 股东应当按期足额缴纳公司章程中规定的各自所认缴的出资额。股东以货币出资的，应当将货币出资足额存入有限责任公司在银行开设的账户；以非货币财产出资的，应当依法办理其财产权的转移手续。

股东不按照前款规定缴纳出资的，除应当向公司足额缴纳外，还应当向已按期足额缴纳出资的股东承担违约责任。

《最高人民法院关于适用〈中华人民共和国公司法〉若干问题的规定（三）》规定：

第九条 出资人以非货币财产出资，未依法评估作价，公司、其他股东或者公司债权人请求认定出资人未履行出资义务的，人民法院应当委托具有合法资格的评估机构对该财产评估作价。评估确定的价额显著低于公司章程所定价额的，人民法院应当认定出资人未依法全面履行出资义务。

也就是说，非货币性资产出资进行评估并不是强制的，但在其他出资人等关联方或利益方提出请求时，仍需进行评估作价。本案中如按照1%来估计评估费，也都要计缴900多亿元，如此大的金额，就真成了一个无法实现的出资认定了。

下面我们来预警一下税务机关检查时存在的情形：

（1）非货币性出资，多有评估入资但没有计缴个税的情形，出资时未按一次性非货币性出资计缴税款，也没有选择按5年递延纳税。只要有个人非货币性资产，个税的检查就是税务机关检查的重点，同时也可能包括印花税、增值税及附加税费。

(2)如果满足条件,选择了财税〔2016〕101号[1]文件评估出资,暂不确认所得,将来转让股权时一并统算计缴20%的个人所得税,但同时被投资企业却可以按评估价税前摊销扣除,这倒是一种筹划安排手段,也是国家鼓励的做法。但这儿就要考虑一下合理性的作价问题,更要以满足所有权转移为前提。

(3)因为历史上对于非货币性出资计缴个人所得税有过一些不明确的时段,也有其间的征与不征的变化,同时企业出资时并不需要税务机关同步检查登记,往往有一些遗漏计税或未计税的情形发生。小编接触的案例是,税务机关的人员并不强制追溯之前是不是计缴税款,而是从股权转让或退出时的成本扣减来确认税款是否整体实现,从这一点看,税法的规定与征管之间的衔接,有时只有实际处理业务才有可能真正得以考验。

我们的建议

非货币性出资,通常意义上是指投资于公司当中,对于投入到个人独资企业或合伙企业,在当下的税法规则中并没有特别明确,我们接触到的专业人士的意见也有分歧。非货币性资产出资,

---

[1] 财税〔2016〕101号,即《财政部 国家税务总局关于完善股权激励和技术入股有关所得税政策的通知》。

有其商业价值，也有利益价值，比如个人非货币性出资是按20%计缴其所得的个税，但是在公司层面却可以按25%抵减所得税，如果适用财税〔2016〕101号文件来达到更有利的利益安排，其价值会更突出。在考虑非货币性出资的方案时，现实的问题是要充分考虑其作价，及与其相关的税款的承担能力问题。

最近我们关注到了几个上市公司的公告，言及之前非货币性资产出资存在出资不实的问题，关于这一点，我们要重点看看是不是存在职务发明创造、相应资质是不是完整的问题，避免出资瑕疵情形发生。

比如《603616韩建河山关于上海证券交易所对公司收购事项的二次问询函的回复公告》（2018-07-10）详细披露如下："二、关于清青环保自成立至今的历次增资及股权变动情况的回复内容显示，2017年1月4日，清青环保注册资本由6 000万元变更为2 008万元，由股东李怀臣减少出资3 992万元，本次减少的3 992万元为股东李怀臣于2012年1月以无形资产（五项非专利技术）评估作价的出资额，减资后，此五项专利技术的所有权仍为清青环保所有；股东李怀臣前述以非专利技术认缴的全部出资3 992万元随同前述减资同时作全额减值账务处理，之前年度计提的摊销全额冲回。请公司补充披露：（一）2017年1月减少注册资本的目的；回复：根据清青环保的情况介绍，2016年清青环保

1.2 个人以9万亿元技术出资，是天方夜谭还是励志故事

聘请中介机构对其财务、法律、商业等情况进行摸底与梳理，请中介机构帮助判断在新三板挂牌的可能性。中介机构在初步尽调后按照相关监管要求，对其提出若干建议，其中关于2012年10月李怀臣以无形资产出资提出：由于李怀臣既是清青环保创始人、实际控制人、控股股东，也是在公司任职的总经理，五项非专利技术研发时间与其在清青环保任总经理时间一致，容易被认定为职务发明，同时考虑非专利技术不同于商标、专利等其他能登记并取得权属证明的知识产权，为避免日后挂牌或被上市公司并购过程中，难以被监管机构或交易对方认可，对交易达成有所妨碍，应尽早进行规范化处理。针对上述情况，中介机构提供解决方案为对五项非专利技术的评估作价的出资进行减资处理，五项非专利技术仍为清青环保所有，将之前的非专利技术实缴出资全部做减值处理，之前年度计提摊销全额冲回，然后再以货币形式对清青环保增资，补足减资造成的注册资本减少。根据工商变更资料显示，李怀臣接受了该方案，由于减资涉及程序较为复杂，清青环保于2017年4月将注册资本6 000万元减资到2 008万元，所减资本为李怀臣的无形资产即五项非专利技术出资；2017年5月、2018年1月李怀臣分别两次以货币形式增资，目前公司注册资本6 000万元，方案实施完毕。"

PART 2

老板经营企业中的"公私分明"问题

2.1

老板买车记

> **摘要：** 小编在与一位私企老板交流时得知，其成立了一家公司，因为之前买车时可以开具抵扣增值税的机动车销售统一发票，所以就以公司名义买了车辆。现在老板关注的是，把这辆车转到个人名下有何税务影响？这个问题比较有代表性，现实当中也是经常发生的。

事情的经过是这样的：

关税下调，王老板（亦称老王）一直想买一辆进口的宝马740轿车，恰好，这两天，王老板公司做成了一笔大业务，有钱了，王老板马上就找到出纳小王。

老王:"小王,明天给我准备70万现金,我有急用。"

小王:"好的,但兼职会计刘会计告诉我,如果个人用钱,要打个欠条,方便她做账。"

于是小王第二天通过计提出差费用的方式,提了70万元现金,王老板高高兴兴地约起他的朋友张律师去看车。在路上,张律师就问王老板:"你是个人买车还是公司买车呢?"王老板当仁不让地说:"当然是我个人买车,落到个人名下才是我的财产。"

张律师号称税务律师,对税可不含糊,于是说:"这不行,你要筹划一下!这钱是公司的,将来你要还,你只能通过分红或者取得工资薪金方式取得公司的现金,分红是20%的个人所得税,工资薪金是最高45%的个税,花钱是有税负成本的。

"依我看,你不如这样,以公司的名义买车,反正车也是你用,公司也是你的,一样的结果,作为公司的资产,还可以税前扣除折旧,这多好啊,没有税了!"

王老板一听,是啊,我们的会计为何没有及时给我提出这个方案呢?也难怪,兼职会计人家挣的是记账钱。王老板马上安排,我们公司正好有一辆旧车淘汰,车牌正好用上,于是两个人开开心心地以公司名义买了一辆车,顶配高档,有面子!王老板非常开心，非要给张律师一笔咨询费，双方皆大欢喜。

回来以后，王老板找到小王，说："快把借条给我吧，我给你发票入账。"

兼职刘会计看到发票，也不含糊："今年有新政策，500万元以下设备可以一次性税前扣除[1]，我们直接扣吧！"于是做会计分录如下：

借：管理费用——折旧费用　　　　　700 000
　　贷：银行存款　　　　　　　　　　700 000

在汇算清缴时，上述的折旧费用直接税前扣除，不存在最低折旧年限4年的限制。于是，这件事就办妥了。

可是，王老板还是不放心，毕竟车登记在公司名下，属于公司资产，还涉及股东之间的关系处理，万一有官司之类，还可能归入被

---

[1]《财政部 税务总局关于设备器具扣除有关企业所得税政策的通知》（财税〔2018〕54号）规定："为引导企业加大设备、器具投资力度，现就有关企业所得税政策通知如下：一、企业在2018年1月1日至2020年12月31日期间新购进的设备、器具，单位价值不超过500万元的，允许一次性计入当期成本费用在计算应纳税所得额时扣除，不再分年度计算折旧；单位价值超过500万元的，仍按《企业所得税法实施条例》、《财政部 国家税务总局关于完善固定资产加速折旧企业所得税政策的通知》（财税〔2014〕75号）、《财政部 国家税务总局关于进一步完善固定资产加速折旧企业所得税政策的通知》（财税〔2015〕106号）等相关规定执行。二、本通知所称设备、器具，是指除房屋、建筑物以外的固定资产。"企业会计处理仍可核算为固定资产分期折旧，税务处理上可以一次性扣除。

执行财产范围，这如何办呢？王老板咨询了张律师，张律师也有点儿含糊，王老板准备再继续咨询一下税务伙伴，看看有什么好办法。

整体来看，个人资产与公司资产在法律归属权与相应的权利义务上是不同的。如果从税的角度来看，比如王老板通过发放工资薪金的方式来取得钱，并买到自己名下的资产，税收的对比是这样的（见表2-1）：

表2-1

取得方式	个　税	企业所得税
工资薪金	70万元直接按工资算个税约30万元[a]	税前扣除70万元，一次性扣除
公司买资产	无	通过折旧税前一次性扣除

a. 2019年1月1日，个税法修改，税负将发生变化。

如何解释呢？老板的车一般也是用于业务，这儿我们并不宜简单粗暴地就说是公司买车老板私人用。

同时，以我们常规的经验来看，车的贬值速度还是很快的，若老板用了几年车之后，通过变卖方式处理给王老板，王老板花了7 000元钱（二手车市场价格或许会高些，这儿只能说合理变卖了，可能这个车还有点小事故影响了作价）。此时公司需要计缴增值税，但当时购车时也是可以抵扣的，其实因为能抵扣，对企业来说是更划算的，个人不可能是一般纳税人，这是无法抵扣的。

你看，这样下来，30万元的个税去哪儿了呢？两点说明：其一，使用权属于王老板；其二，如果最后变卖给王老板价格还是70万元，那就没有节税的空间了。所以这个案例本身，还是要有一定的合理性存在为前提的。

我们的建议

首先，小编想说，任何筹划都不是绝对的，特别是当怀有主观故意之时，这说起来就不好听了。小编认为，上面的案例，在做之前，更多是一种心里的想法，而之后，所有的行为就是顺理成章的结果，不宜一开始就签成"一年之后一定卖给王老板自己"的协议或形成股东会决议，这就不好了。

当然，有的人士认为所有的事项都可以举一反三，其实不然。比如不动产，是升值的多，此时跟车正好相反，车辆是贬值的速度特别快，关键就在这儿。

老板的车是登记在个人名下，但也极有可能有办公用途，这时国家税务总局也是有所体谅的（见附文）。不过却只是考虑了个税，在企业所得税上并对折旧税前扣除不予认可，虽然2008年新《企业所得税法》实施，也难以突破此项常规理解，偶有以签订租赁协议的方式来解决，但个人取得租金收入仍是存在计税成本的。

附：法规依据

国家税务总局关于企业为股东个人购买汽车征收个人所得税的批复

（国税函〔2005〕364号）

辽宁省地方税务局：

你局《关于企业利用资金为股东个人购买汽车征收个人所得税问题的请示》（辽地税发〔2005〕19号）收悉。经研究，批复如下：

一、依据《中华人民共和国个人所得税法》以及有关规定，企业购买车辆并将车辆所有权办到股东个人名下，其实质为企业对股东进行了红利性质的实物分配，应按照"利息、股息、红利所得"项目征收个人所得税。考虑到该股东个人名下的车辆同时也为企业经营使用的实际情况，允许合理减除部分所得；减除的具体数额由主管税务机关根据车辆的实际使用情况合理确定。

二、依据《中华人民共和国企业所得税暂行条例》以及有关规定，上述企业为个人股东购买的车辆，不属于企业的资产，不得在企业所得税前扣除折旧。

国家税务总局
二〇〇五年四月二十二日

2.2 股东从企业借钱的故事

> **摘要：** 创业人与自己所投资公司经常有彼此拆借使用资金的情况，比如公司没有资金了，老板自己付款购买原材料；或者老板个人有消费行为，支用公司的钱付款。民营企业账上与老板间的应收款项与应付款项，往往发生频率高、金额相对大，而这，却可能给税务机关征税带来"机会"。

股东借公司的钱还要归还？公司不是自己的吗？非也。如果是个人出资，交付给公司，钱就属于公司了，个人拥有的只是股权！所以，平时还是要分清界限的。长期借款不归还，除了可能有抽逃出资的问题，还有个税的问题，视为个人取得股息红利算个税，这可能就有人不理解了吧。我们来看看下面的这个法院判例，估计会让大家大开眼界。下面的资料来源于中国裁判文书网。

黄山市博皓投资咨询有限公司诉黄山市地方税务局稽查局税务处理决定二审行政判决书

〔安徽省黄山市中级人民法院行政判决书（2015）黄中法行终字第00007号〕

上诉人（一审原告）：黄山市博皓投资咨询有限公司，被上诉人（一审被告）：黄山市地方税务局稽查局。

上诉人黄山市博皓投资咨询有限公司（以下简称博皓公司）诉黄山市地方税务局稽查局税务处理决定一案，不服安徽省黄山市屯溪区人民法院于2014年12月5日作出的（2014）屯行初字第00021号行政判决向本院提起上诉。本院依法组成合议庭，于2015年3月10日公开开庭审理了本案，上诉人博皓公司的委托代理人陆义炳，被上诉人黄山市地方税务局稽查局诉讼代表人曹子政及其委托代理人×××、汪晓华到庭参加诉讼。本案现已审理终结。

一审法院查明：博皓公司（原黄山市博皓房地产开发有限公司）系由宁波博皓投资控股有限公司、苏忠合、倪宏亮、洪作南共同投资成立的有限责任公司。截止到 2010 年初，博皓公司借款给其股东苏忠合 300 万元、洪作南 265 万元、倪宏亮 305 万元，以上共计借款 870 万元，在 2012 年 5 月归还，该借款未用于博皓公司的生产经营。2013 年 2 月 28 日，黄山市地方税务局稽查局对博皓公司涉嫌税务违法行为立案稽查，于 2014 年 2 月 20 日对博皓公司作出黄地税稽处〔2014〕5 号税务处理决定，其中认定博皓公司少代扣代缴 174 万元个人所得税，责令博皓公司补扣、补缴。博皓公司向黄山市人民政府提出行政复议申请，黄山市人民政府作出黄政复决〔2014〕41 号行政复议决定，维持了黄地税稽处〔2014〕5 号税务处理决定中第（七）项第 3 目的决定。博皓公司不服，在法定期限内提起行政诉讼。

一审法院认为：博皓公司借款给投资者，未用于企业的生产经营的事实清楚。三名投资者的借款虽然有归还的事实，但显已超出该纳税年度，符合《财政部 国家税务总局关于规范个人投资者个人所得税征收管理的通知》对个人投资者征收个人所得税的相关规定，博皓公司应履行代扣、代缴义务，黄山市地方税务局稽查局责令其补扣、补缴并无不当。一审法院依照《中华人民共和国行政诉讼法》第五十四条第（一）项判决维持黄山市地方税务局稽查局的黄地税稽处〔2014〕5 号税务处理决定中第二条第（七）项的决定。案件受理费 50 元由博皓公司承担。

宣判后,博皓公司不服,上诉称:1.一审法院错误地理解了《财政部 国家税务总局关于规范个人投资者个人所得税征收管理的通知》,投资者借款归还后,借款人已属不得者,在借款人还款后仍然按借款数额征收借款者个人所得税显然是错误的。2.《财政部 国家税务总局关于规范个人投资者个人所得税征收管理的通知》并没有规定纳税年度终了后多少时间内还款,稽查时已确认三个投资者还清了所有借款,该借款不能视作企业对投资者的红利分配。博皓公司请求撤销一审法院判决和错误的税务处理决定书。

博皓公司向一审法院提交了以下主要证据:1.营业执照,2.组织机构代码,3.法定代表人身份证明书,4.税务行政处罚决定书,5.行政复议决定书,6.银行支付凭证。

黄山市地方税务局稽查局答辩称:1.一审法院认定事实清楚,该事实博皓公司在庭审中都予以认可。根据《财政部 国家税务总局关于规范个人投资者个人所得税征收管理的通知》第二条规定,博皓公司借给股东870万元,在2011年末都未归还,此借款也未用于博皓公司经营,因此上述借款应视作企业对个人的红利分配。2.答辩人在税务专项检查中发现博皓公司涉嫌税务违法,遂进行立案稽查,处理程序合法。3.博皓公司未履行扣缴义务人的法定义务,要求博皓公司限期补扣补缴的行政处理有法律依据。黄山市地方税务局稽查局请求二审法院依法维持一审法院判决。

黄山市地方税务局向一审法院提交了以下主要证据：一、事实方面的证据，1.组织机构代码，2.营业执照及税务登记证，3.企业基本信息，4.税务稽查工作底稿（一）、（二）及其他应收款明细账，5.支付系统专用凭证，6.稽查反馈陈述意见笔录，7.竣工验收备案表；二、程序方面的证据，1.税务稽查立案审批表，2.税务稽查任务通知书，3.税收行政执法审批表、税务检查通知书、税务检查告知书、税务文书送达回证，4.税收行政执法审批表、税务询问通知书、税务文书送达回证，5.税收行政执法审批表、税务检查通知书、税务文书送达回证，6.延长税收违法案件检查时限审批表，7.稽查意见反馈书、税务文书送达回证，8.稽查反馈陈述意见笔录，9.税务稽查报告，10.税务稽查审理报告、税务稽查审理审批表、稽查局审理纪要，11.重大税务案件审理提请书、黄山市地税局审理纪要，12.税务行政执法审批表，13.税务处理决定书及税务文书送达回证；三、法律依据，1.《中华人民共和国税收征收管理法》，2.《中华人民共和国税收征收管理法实施细则》，3.《中华人民共和国个人所得税法》，4.《财政部 国家税务总局关于规范个人投资者个人所得税征收管理的通知》，5.《国家税务局关于贯彻〈中华人民共和国税收征收管理法〉及其实施细则若干具体问题的通知》，6.《税务稽查工作规程》。

当事人向一审法院提交的以上证据已随案移送本院，案经庭审质证，双方的质辩理由与一审无异。一审法院认定的案件事实本院予以确认。

本院认为：黄山市地方税务局稽查局依法实施税务稽查，查处税收违法行为，有权对博皓公司涉税事项进行检查处理。黄山市地方税务局稽查局查明博皓公司股东从博皓公司借款超过一个纳税年度，该借款又未用于博皓公司经营，黄山市地方税务局稽查局将博皓公司股东在超过一个纳税年度内未归还的借款视为博皓公司对个人投资者的红利分配，依照《财政部 国家税务总局关于规范个人投资者个人所得税征收管理的通知》第二条规定决定计征个人所得税，该决定符合财政部、国家税务总局关于个人投资者从投资的企业借款长期不还的处理问题的意见。黄山市地方税务局稽查局认定事实清楚，处理程序合法，责令博皓公司补扣补缴174万元个人所得税的处理决定适当，一审法院判决维持黄山市地方税务局稽查局处理决定正确，博皓公司的上诉理由不能成立，本院不予采纳。依据《中华人民共和国行政诉讼法》第六十一条第（一）项的规定，判决如下：(略)。

上面的判例，非涉税专业的人肯定不解为何借款还了还要被征个人所得税。依据税收政策规定，这里的原因是超过一年未还，如果未超过一年还了，就不需要计税了。或许有的人士还是不理解，这个不合理啊，有上位法依据吗？这个法院判例倒是支持了财税部门的处理意见。

我们先看看相关的依据：

财税〔2003〕158号[1]文件强调"年度终了"的概念。财税〔2003〕158号文件规定：

纳税年度内个人投资者从其投资企业（个人独资企业、合伙企业除外）借款，在该纳税年度终了后既不归还，又未用于企业生产经营的，其未归还的借款可视为企业对个人投资者的红利分配，依照"利息、股息、红利所得"项目计征个人所得税。

国税发〔2005〕120号[2]文件强调"超过一年"的概念。国税发〔2005〕120号文件第三十五条第四款规定：

加强个人投资者从其投资企业借款的管理，对期限超过一年又未用于企业生产经营的借款，严格按照有关规定征税。

按照该条款规定，借款期限超过一年又未用于企业生产经营的借款，严格按照有关规定征税，这与财税〔2003〕158号文件的规定不一致。国税发〔2005〕120号文件指的是借款时间超过一年，

---

[1] 财税〔2003〕158号，即《财政部 国家税务总局关于规范个人投资者个人所得税征收管理的通知》。
[2] 国税发〔2005〕120号，即《国家税务总局关于印发〈个人所得税管理办法〉的通知》。

财税〔2003〕158号文件指的是借款年度终了未归还，没有时间长度的要求。

财税〔2008〕83号[1]文件规定：

江苏省地税局《关于以企业资金为个人购房是否征收个人所得税问题的请示》（苏地税发〔2007〕11号）收悉。经研究，批复如下：

一、根据《中华人民共和国个人所得税法》和《财政部 国家税务总局关于规范个人投资者个人所得税征收管理的通知》（财税〔2003〕158号）的有关规定，符合以下情形的房屋或其他财产，不论所有权人是否将财产无偿或有偿交付企业使用，其实质均为企业对个人进行了实物性质的分配，应依法计征个人所得税。

（一）企业出资购买房屋及其他财产，将所有权登记为投资者个人、投资者家庭成员或企业其他人员的；

（二）企业投资者个人、投资者家庭成员或企业其他人员向企业借款用于购买房屋及其他财产，将所有权登记为投资者、投资者家庭成员或企业其他人员，且借款年度终了后未归还借款的。

---

[1] 财税〔2008〕83号，即《财政部 国家税务总局关于企业为个人购买房屋或其他财产征收个人所得税问题的批复》。

二、对个人独资企业、合伙企业的个人投资者或其家庭成员取得的上述所得，视为企业对个人投资者的利润分配，按照"个体工商户的生产、经营所得"项目计征个人所得税；对除个人独资企业、合伙企业以外其他企业的个人投资者或其家庭成员取得的上述所得，视为企业对个人投资者的红利分配，按照"利息、股息、红利所得"项目计征个人所得税；对企业其他人员取得的上述所得，按照"工资、薪金所得"项目计征个人所得税。

所以上面的焦点在于是多长时间的问题，广西地税[1]提出了这样的意见：

《广西壮族自治区地方税务局关于明确若干所得税税收政策管理问题的通知》（桂地税发〔2010〕19号）：

（九）关于企业股东向公司跨年度借款的个人所得税征收以及跨年度后归还借款是否退还税款的问题

根据《财政部 国家税务总局关于规范个人投资者个人所得税征收管理的通知》（财税〔2003〕158号）第二条的规定，纳税年度内个人投资者从其投资企业（个人独资企业、合伙企业除外）借款，在该纳税年度终了后既不归还，又未用于企业生产经营的，

---

[1] 国地税合并之后，已统一为国家税务总局广西壮族自治区税务局。下同。

其未归还的借款可视为企业对个人投资者的红利分配，依照"利息、股息、红利所得"项目计征个人所得税。

有关借款征收个人所得税后，虽然已还款，但该行为的纳税义务已经发生，已征收的税款不予退还。

广西12366咨询意见（摘自网络）：

近期，12366纳税服务热线接到纳税人电话咨询股东向企业借款是否需要缴纳个人所得税的问题。具体情况为：企业股东于今年年底向企业借款，约定明年初再归还借款，是否需要缴纳个人所得税？纳税人希望能得到税务机关帮助，尽快明确上述问题。

答：对此，12366查阅了相关文件。《财政部 国家税务总局关于规范个人投资者个人所得税征收管理的通知》（财税〔2003〕158号）规定，"纳税年度内个人投资者从其投资企业（个人独资企业、合伙企业除外）借款，在该纳税年度终了后既不归还，又未用于企业生产经营的，其未归还的借款可视为企业对个人投资者的红利分配，依照'利息、股息、红利所得'项目计征个人所得税"；《国家税务总局关于印发〈个人所得税管理办法〉的通知》（国税发〔2005〕120号）规定，个人投资者从其投资企业借款的管理，对期限超过一年又未用于企业生产经营的借款，严格按照有关规定征税。

上述两个文件中，对于借款期限的界定不统一，一个是以纳税年度为限，不论使用时间的长短；一个是以具体使用时间满一年为限。因此，对借款期限如何界定的问题目前无相关文件予以明确。

鉴此，我中心向自治区地税局所得税处进行了请示，得到明确答复：

根据发文时间的先后顺序和工作的合理性角度出发，应按国税发〔2005〕120号的规定执行，即个人投资者借款是否应缴纳个人所得税是以借款时间是否超过一年为界定标准。

还有一个问题，就是借款一年后归还了，如果计缴个税了，但多认为并不给予退税。有的地方是比较开明的，比如河北地税的意见。

《河北省地方税务局关于秦皇岛市局个人投资者借款征收个人所得税问题请示的批复》（冀地税函〔2013〕68号）：

一、个人投资者归还从其投资企业取得的一年以上借款，已经按照"利息、股息、红利"征收的个人所得税，应予以退还或在以后应纳个人所得税中抵扣。

二、个人投资者从其投资企业有多笔借款，在归还借款时，根据协议（合同）约定来确定归还的具体是哪笔借款，无协议（合同）的，按实际情况确定。

我们的建议

首先，小编认为，我们在这儿并不去质疑该征管处理的对与错，毕竟有相应的政策管理部门的条文，如果非要对上面的判例或规则提出上位法挑战，也是一个思路，并且可能也会有法院支持，但我们先考虑避而远之方为上策。

一是，区分为公借款还是为私借款。比如某老板借款到外地采购，这是对公借款，只要能够举证是公务之用，即使超过一年，未被私用，也不存在被视为股息红利征税的问题。

二是，如果股东个人因为紧急事务必须借款，建议签订一个借款协议，收取适当的利息，公司的现金还是要有收益的。不过虽然收利息，也有可能被某些人员往一年期上套规定，这个风险不能排除。实在不行，就进行减资取现，也是一个办法。

三是，好借好还。税收上的规则就是规则，一年期限内滚动借款，最多被认为属于视同借款行为计算单位应收利息相应的所得税与增值税争议。

不过，有的人士认为，我可以形式上采取"曲线方式"，比如某老板先通过一个公司借款，视为公司间借款或往来处理，在另外一个公司再通过个人借款转移出来。这就有点形式主义了，这确实会增加税务机关检查的难度。

我们理解，借款视为分红计算20%的个人所得税，似乎是"不近人情"，但同时我们也关注到，税务机关在此方面的重视程度与检查力度并没有想象的大，比如有的时候，企业注销时才被发现有股东借款，此时税务要求补税的情形也是存在的。所以股东们要切实减少被征税的"机会"，提前恰当地处理好。

小编也曾听闻案例中有这样的应对思路：企业没有利润，是亏损的，何来以股息红利计税呢？于此认为征税是不合理的，据此否定了征税的判断。小编认为，这本来就是一个推定按股息红利对个人借款来征税的计量规则，并非一定是被借款企业有利润可供分配。

就拿当下有限责任公司的资本公积转增股本视为股息红利来说吧，如果没有利润，也一样普遍认为要征收的，这不是更没有逻辑前提了吗？所以这儿并非是一定要有利润才有股息红利的计税，而是说用股息红利计算个税的方式来征税。

2.3

股东借款给企业的涉税问题

摘要：股东的钱借款给企业，或投资给企业，是不同的两个行为。比如有的人认为要规避增值税，所以用投资再减资的方式进行。其实很多时候，对这些所谓的财税技巧，仍需考虑操作的运营成本。今天我们就一起来看看，股东借款与投资涉及的税项内容。

现实当中，股东借款给公司，或者投资给公司，结果都可以是注入资金到企业当中，企业据此有资本可以运营。在这两种方式中，税务处理有何差异呢（见表2-2）？

2.3 股东借款给企业的涉税问题

表 2-2

事 项	投 资	借 款
投资行为	就增加的资本额 50% 计算万分之五的印花税，属于企业缴纳的税项，与股东无关	无税项
取得回报方式	股息红利，计算 20% 个人所得税	借款利息，个人所得税计 20%，利息的增值税计 3% 及通常计 12% 的附加税费，此时多需要向税务机关代开发票给企业入账税前扣除
收回投资	收回投资超过原出资额的按 20% 计税，低于原出资额的计为投资损失，不涉税退税与计税	收回本金，不涉及税款
期限	股息红利没有必须的分红时间要求	通常需要约定，确实有无息借款的，但是税法并不强制一定要收取利息，也并不认为这是违反规定的行为
风险	投资，相当于属于公司的资产了，需要对其债务等承担责任，最后才看是不是有剩余资产可供分配，有时甚至发生破产	属于债权，有优先受偿权
法律程序	通常需要办理工商登记	通常只签订借款合同

股东借款给企业是很普遍的现象，包括一些房地产企业，本身其实收的资本额并不大，多有借款存在。对于借款，利率的确定是一个关键因素，有的老板是不收利息，有的是超高的利率，

在法律上有没有相应的参照呢?

《最高人民法院关于审理民间借贷案件适用法律若干问题的规定》规定:

第二十六条 借贷双方约定的利率未超过年利率24%,出借人请求借款人按照约定的利率支付利息的,人民法院应予支持。

借贷双方约定的利率超过年利率36%,超过部分的利息约定无效。借款人请求出借人返还已支付的超过年利率36%部分的利息的,人民法院应予支持。

但是我们也发现,即使个人股东不收利息,纳税人的利益在会计核算上也是有办法保障的。比如乐视网在2016年年度报告中提到:

根据企业会计准则规定,企业接受的捐赠和债务豁免,符合确认条件的,通常应当确认为当期收益。如果接受控股股东或控股股东的子公司直接或间接的捐赠,从经济实质上判断属于控股股东对企业的资本性投入,应作为权益性交易,相关利得计入所有者权益(资本公积)。根据上述规定,控股股东贾跃亭无偿借予上市公司的资金虽不需要支付利息,但该部分资金用于企业日常经营,应按照同期银行贷款利率计算利息,并计入财务费用和资本公积，而对公司损益造成直接影响。如公司沉淀不必要的控股股东资金，反而会对经营业绩产生较大负面影响，因此，大股东借款采用随借随还模式，公司根据生产经营所需以及经营业绩统筹考虑来保证借款的时间和规模。大股东贾跃亭、贾跃芳免息借款形成的利息费用9 132.61万元，此费用将会依照大股东无息借款承诺进行豁免处理，增加至资本公积。

上面是无息借款，即个人股东并不要利息，但是在会计核算上却又产生了利息计入权益、财务费用，此时要不要计算股东的个税并代扣代缴呢？小编认为，由于实践中个人股东并不要利息，而对于个人借款给企业，并没有反避税的规定说一定要收取利息。只有当收的利息多了，超过同期同类的等情形发生时反而不让税前扣除。但是财务费用是虚拟的，并不宜得到企业所得税税前扣除，而未来股东的投资成本也不会得到认可，即没有之前的计税买单得到认可。

对于个人股东借款，一个主要的问题是股东既想要利息，还想少缴税甚至不缴，代扣代缴方因为股东关系也没有扣，只是付了利息款而已。而作为企业一方，主要的问题是没有发票，没有办法支持税前扣除，试想一下，企业所得税可是25%的税率，这比股息红利个税20%的税率还要高，所以有利润可以扣除的时候，取得发票比那点个税还是有利的。但这也要分情形，因为有时这个企业正处于免税期，或者享受15%的优惠税率。同时要特别提示的是，企业在支付利息时，当年度的要在次年5月31日前支付并取得发票，毕竟税前扣除凭证的要求是在汇算清缴前取得，这是一个主要的截止时间。

我们的建议

由于是个人直接借款并收取利息，由此产生一个问题，就是"公转私"（公司利益转化为个人利益）要计缴税款的问题，而如果此个人股东想去一个"税收洼地"代开发票，则由于发票代开并不支持所在地的情形，此时征管上存在瑕疵。可能的方式是，通过个体户或者个人独资企业、合伙企业的方式，争取一定的财政返还处理，因为是利息收入，对于个人独资企业、合伙企业是按20%计税，此时利益就是财政返还奖励有多少的影响。

近来，小编接触到，有一些所谓的网站平台，通过与税务机关合作代征代开发票，为很多有需求的个人代开发票，似乎是互联网税务共享的好平台，但是对于跨地域随意开具的无法确认真实性的发票，税务机关是可以不予认可的，这就是一个包装的"外衣"。

2.4 个人资产无偿给企业用的问题

> **摘要**：股东个人资产无偿给企业使用是挺多见的,但是税收上可能就会存在处理不到位的问题发生。

对于一个创业人来讲,有时成立公司后,有一些资产仍是无偿提供给企业使用的。比如小编接触较多的情形是,老板个人名下的车,常常有用于工作的情形,此时老板往往把加油票、年检费用、保险费用等拿到公司报销,这种问题在网络上大量出现。其实这才多大的问题呀,只涉及一点个人所得税,而很多专家给出的建议是签订租车协议,象征性地给一点费用,但是约定汽油费由公司报销。在较多的企业,甚至包括央企,有一些员工可以报销交通费,往往是凭加油费发票报销。

前几日，有一位伙伴专门咨询小编："我们分公司有两个人员是集团派遣来工作的，其租房的费用，我们直接列在福利费中，有没有问题？"

小编想说的是，这些人员是作为工作关系存在的，而与其相对应的是，公司提供了宿舍作为工作的一个辅助条件，本身视作给员工的福利也未尝不可。但小编给的建议是，如果真的是为临时性的工作人员提供的宿舍，其实是一种雇佣成本，列入租赁费也应是可行的，因为计入福利费时，很容易让税务人员定性为个人所得。小编认为，不宜一刀切地处理为只要是个人得到了利益就要视为个人所得计税。

从上面的案例中可以看到，老板用车的油费，在一定的证据下，还是可以让税务人员认可为业务性支出的，并不应按给老板分配的股息红利计税处理。但这些都是小问题，我们需要考虑的是一些大的事项。

来看小编接触的这个案例：某企业是一个家族企业，父亲与女儿共同占有股份，但是母亲个人名下有数项专利技术，一直无偿提供给企业使用，反正是一家人，"肥水不流外人田"。其实这真是两码事。我们倒不是担心税务机关向个人发起反避税挑战，认为个人为何应收费但不收费，从而减少了国家税款的缴纳，这

2.4 个人资产无偿给企业用的问题

种情形更多是对于企业所得税的反避税挑战，鲜有发生对个人反避税的事项。但是这样做，在税务上会有什么问题呢？

通常意义上看，个人以无形资产出资，存在溢价算为所得，可以一次或分五年计缴个税，同时按照评估后的价格记入所投资公司的账面上，作为无形资产进行摊销扣除。也可以不出资，直接由个人授权给企业使用，按20%特许权使用费计算个税，同时在企业税前扣除。

我们的税法对技术出资有特别的激励性规定，即如果是专利所有权出资，个人所得税可以暂不计缴，待将来转让股权时才一并算总账，但是出资环节的资产评估价格，在公司层面是可以作为摊销计入税前扣除的基数的，这就是一个有利的操作方式，更是政策所鼓励的结果。

个人股东与所投资的公司之间，支出往往难以分清，比如有时个人支出的费用也并没有到公司来报销。对于一些小额的支出，小编认为并不必过分强调归属，但是对于一些重大的资产使用，必须考虑是不是有偿，有偿之后是不是可以选择有利的税收处理方式。

我们的建议

小编想建议的是，如果个人股东编造一些虚假的支出，从公司"套钱",这本身就是性质造假问题了。现实当中,多有这样的情形发生,比如股东家里购买的物品,开为公司的名头,此类情形发现了,往往是直接视为股东的股息红利所得处理,但如果涉及虚开发票,特别有的公司财务人员还因抵扣之需,让高管开专用发票,性质就严重了。

还有的地方因为涉及个人购房、购车的限制,也存在以公司的名义购买个人使用的情形,尽管有一些地方对这种问题也设置了一些条件,但这也是一种"筹划"方式吧。

2.5

老板的招待支出该如何入账

> **摘要**：老板的业务支出，估计财务人员很难用标准化的方式进行定性，必须了解清楚，有效统筹安排，方可既减少涉税成本，又减少经营风险。

时下，"八项规定"对于公款消费有了很大的抑制力，但是作为民营企业的创业人，可能免不了总要有接待、考察事务，而中国人素有礼尚往来的传统。对于老板的各种开支，该如何入账呢？

老板的招待开支无非分为两类：一类是与经营相关的，一类是与个人相关的。从性质上来看，前者是可以入在企业账目上的，后者是个人消费支出，就不宜列支在企业账目上。但是列支在账目上的费用，就有可能存在一些问题，下面我们来解释一下。

比如某老板让财务给远方来京旅游的客户安排住宿，这是属于业务招待的性质，企业所得税进行限额扣除调整，但税务机关可能还要求企业扣缴对方取得利益的个人所得税，企业还要再花一笔钱。同时，即使企业取得的是专用发票，税务机关也可能认为是交际应酬消费，不允许其抵扣进项税额。这个案例说明，虽然入了账，但是可能还要有成本支出。此时不如老板个人承担更简单，对于个人之间的利益赠予，只有特定情形才算为对方取得的应税所得，比如房屋之类，而通常我们参加婚礼收到的礼金、在微信群中领的红包，并不需要缴纳个税，税收法规并无此规定与要求。以此类推，如果赠送礼品记在公司账上，也有同样的问题出现；如果只是用餐支出，基本上不认为属于扣缴个人所得税范围之内的事项。

现实当中还有购买消费卡、油卡赠送的，这类情形的"隐蔽性"比较高，因为这类情形下取得的是不征税的发票，写的是预付卡内容，但是最终消费的是什么估计一时半会儿查不清楚。于规则来看，这也属于招待赠送，是有金额的，也是需要扣缴个税的。由于只是货币计量的预付卡，尚不是增值税的应税事项与抵扣事项。

2.5 老板的招待支出该如何入账

还有一些情形是老板请员工用餐、团建活动、学习活动，此时列入福利费、办公费即可，特别是与工作相关的，用餐观光是学习过程当中的"产物"。或许有的税务人员会认为员工旅游的支出都要计缴个税，这确实存在，小编也曾遇到几个大企业扣缴个税的案例。故此，我们要确定分清哪些是福利性质的，或是奖励性质的，哪些是工作交流培训性质的。

至于老板的招待支出中，发票的取得，有时会混淆。比如本来是用餐费用，老板拿着买家用电器的发票来报销，这种情形，估计会时有发生。此时，确实要在形式上进行统一，确定费用的科目，同时也减少涉税争议。

如果老板经营中出现一些处于"行贿"边缘的支出，小编建议谨慎处理：一是行为要遵纪守法，二是不要引起误解。

我们的建议

老板的招待支出，并不一定非要强调招待，特别是在财务记账时，老板一定要特别关注财务描述的事项是不是有问题，款项的支付是不是合规，是用电汇还是现金，发票内容是不是对应，等等。

PART 3

老板都要面对的征管问题

3.1 选择小规模纳税人还是一般纳税人做生意

摘要：当前，我们的营改增政策处于持续变化与发展中，而对于一个企业，要么是小规模纳税人，要么是一般纳税人，只能存在其一。选择什么样的身份，有强制条件，也有非强制条件。

小规模纳税人与一般纳税人的区别条件如下（见表3-1）：

表3-1

比较事项	小规模纳税人	一般纳税人
计税方法	直接按收入简易计税，征收率是3%，偶有5%	以增值税税率按收入算销项，抵减取得的进项，每个月或季计算缴纳，必须要求取得抵扣凭证[1]
能否开具专用发票	可以开具，税率栏填3%或5%，据业务分析填写	可以开具，税率栏填正常税率16%、10%、6%，据业务分析填写[2]

---

[1] 特定业务下，一般纳税人可以选择简易计税方法。
[2] 未来存在税率下降的空间，需要及时关注。

续表

比较事项	小规模纳税人	一般纳税人
免税收入	不得开具专用发票,可以开具普通发票	同左
采购需要何类型发票	普遍要普通发票,取得专用发票也不违法,只是没有抵扣之用,建议取得普通发票即可	建议优先取得专用发票,但取得普通发票损失的只是抵扣利益,并不违法
税负高低	税负相对固定	税负不固定,主要随取得进项情形看是经常购进还是偶然购进事项判断高还是低
客户愿意跟谁交易	没有抵扣要求的,对小规模纳税人并不排斥	有抵扣要求的企业一般愿意与一般纳税人进行业务往来
虚开风险	由于不存在抵扣,取得虚开发票情形不抵扣没有不利影响	涉及取得不合规抵扣凭证的刑事与补税风险变大
总分公司	基本上有不同税务登记证号的就是独立纳税人	同左

如上看来,小规模纳税人计税管理简单,一般纳税人计税管理复杂、风险也高,但是商业机会也大。要注意,小规模纳税人在特定条件下是需要强制转为一般纳税人,也可以自愿成为一般纳税人(见表3-2)。

表 3-2

情 形	描 述	说 明
强制转	年应征增值税销售额超过财政部和国家税务总局规定标准的纳税人为一般纳税人	财税〔2018〕33号文件：标准是年销售额达500万元
自由转	年应税销售额未超过规定标准的纳税人，会计核算健全，能够提供准确税务资料的，可以向主管税务机关办理一般纳税人资格登记，成为一般纳税人	会计核算健全，是指能够按照国家统一的会计制度规定设置账簿，根据合法、有效凭证核算

所以，是不是成为一般纳税人，有时自己是可以选择的，有时是不能选择的。但是也有的创业人有自己的一些应对方式。比如小编之前在地铁中听到两个老板的对话：

甲："最近我又成立了一家公司，原来那家公司马上就达到一般纳税人标准了。税负太高，还是需要作为小规模纳税人。"

乙："也是，我最近也有这样操作，有时一单业务我就用一个公司做1 000万元，但依据规定，当月达到500万元，当月仍可以按照小规模纳税人计税，下个月再按一般纳税人对待，所以我会充分利用这个空间做业务。"

上面两个人所说的将业务分拆到不同的纳税人，这个没有问题，但前提是确定是真的由不同主体做的生意，不宜仅仅成为一个开具发票的公司，比如合同、收款等都需要对应到位。而对于乙的处理，似乎有一些专业度了，毕竟其处理非常到位，不懂税的人或许根本想不到这样做。这也充分说明了专业还是有商业价值的。

不过上述处理，显然是要有市场可操作接受度，以及要在当前税法框架下进行操作。对于小规模纳税人与一般纳税人的转换，既不能逃避，也不能没有依据地操作。

以经销货物为主的企业，作为小规模纳税人税负往往还是挺高的；而以服务为主的企业，则由于人力付出较多，进项不充分，因此作为一般纳税人往往税负较高，企业需要结合情形来安排。有时尽管成立公司比较简单，但也要考虑运营注销的成本等因素，更要考虑客户的接受度。只要处理好商业、税负、管理成本，还是可以很快做出判断的。

我们的建议

作为小规模纳税人，接受虚开发票的主动风险与被动风险相对很低，除非自己给别人虚开增值税专用发票。如果已是一般纳税人，计算、申报可能都需要一个专业的会计人员处理，而不宜直接外包给一个代账公司处理，这里面既有随时进行业务处理的要求，又有企业信息保密的问题，更有合规处理、准确核算的问题。

3.1 选择小规模纳税人还是一般纳税人做生意

对于上面提到的作为小规模纳税人还是一般纳税人,并没有绝对的好与坏,需要看客户的接受程度,在此情形之下,再来分析主体如何搭建、商务规则如何谈判处理。

3.2

增值税专用发票与增值税普通发票的区别，这一招必须懂

> **摘要**：同样是发票，差距就是这么大！要知道，增值税专用发票并不完全属于《发票管理办法》管理的对象，与增值税普通发票相比，两者的差异到底在哪里呢？对如何取得、取得之后的功能、税务监管措施等要清楚了解，这是创业人的基本功之一，不懂发票是不能安全创业的！

如果有一天，你给客户开具了发票，而后不断地向客户催款，客户开始答应得好好的，过了几天以后，客户直接扔过来一句话："发票给我就证明我给你付款了啊！"这个回复，估计你还认为是"天方夜谭"，但真要是走诉讼，结果孰是孰非还不一定呢。

3.2 增值税专用发票与增值税普通发票的区别，这一招必须懂

小编在网上看到这样一个案例，是"新疆创天房地产开发有限公司与江苏南通二建集团有限公司建设工程施工合同纠纷案"，有一些律师同行写过一些分析文章，比如王典老师所写的《当争议不再是争议：发票不可简单视为收款证明》。虽然时间比较久远了，但是仍具有现实的借鉴防范意义。小编摘录其中内容列示如下：

江苏南通二建集团有限公司在新疆维吾尔自治区高级人民法院提起对新疆创天房地产开发有限公司诉讼称：2000年7月31日，双方签订了《建设工程施工合同》。对工程的开、竣工时间、施工范围、工程款的给付及违约责任等都作了明确约定。合同签订后，南通二建依约施工，创天公司却违约不按时支付工程款，双方又多次协商签订补充协议，变更付款方式，但创天公司仍不履行付款义务，导致工程多次停工，合同不能继续履行。诉讼请求的内容为：一、给付工程欠款9 259 013元；二、赔偿窝工损失641 471元，租赁费损失1 001 523元，利息损失1 419 406元；三、诉讼费、鉴定费由创天公司承担。

创天公司提出了反诉并答辩称，"创天公司已付款1 300万元。创天公司支付的244万元工程款，有南通二建出具的发票为证；创天公司支付了两笔90万元共计180万元的工程款，有南通二建一张90万元收据原件和90万元借据复印件为证；……"而南通二建认为，

创天公司反诉称2001年6月12日支付工程款244万元与事实不符，该244万元是创天公司与南通二建协商准备付款，并要求南通二建先出具发票，南通二建于2001年6月14日开具了发票并交付给创天公司，但创天公司既未付款也未退还发票。

一审法院认为：发票只是完税凭证，不是付款凭证，不能证实付款的事实，也不能证实收取款项的事实，付款方付款后应当索取并持有收据，以证明收款方已收取该款项，创天公司辩称现金支付244万元，又无收款收据证实南通二建已收取该款的事实，创天公司也未提供其他财务凭证或收据等证据印证已付款的事实。故创天公司仅依据发票主张已付工程款244万元的理由不能成立，不予支持。

最高人民法院二审查明的事实与一审法院查明的事实相同。对上述事项的观点是：双方争议的244万元应当认定为创天公司已经支付南通二建。创天公司持有南通二建为其开具的收款发票。发票应为合法的收款收据，是经济活动中收付款项的凭证。双方当事人对244万元发票的真实性没有提出异议，创天公司持有发票，在诉讼中处于优势证据地位，南通二建没有举出有效证据证明付款事实不存在。一审法院认为发票只是完税凭证，而不是付款凭证，不能证明付款事实的存在，曲解了发票的证明功能，应予纠正。

如果我们能切实继承中华民族的优良传统——真诚,案例中有一方一定是在撒谎,这是非常可耻的,抑或有其他的因素,影响到双方的账务清结。但是法律并没有对道德问题进行计量并设置处罚规则,我们还是要以相应的凭据来作出判断。由于法院未参与项目的交易过程,所以对于凭据的使用与判断就非常重要(见表3-3)。最高人民法院认定对方有发票作为收款凭证,南通二建没有证据证明付款事实不存在,所以败诉。

表3-3 增值税普通发票与增值税专用发票的定义与来源

发票种类	依据	说明
普通发票	《中华人民共和国发票管理办法》	发票,是指在购销商品、提供或者接受服务以及从事其他经营活动中,开具、收取的收付款凭证
专用发票	核心依据是《增值税专用发票使用规定》	专用发票,是增值税一般纳税人销售货物或者提供应税劳务开具的发票,是购买方支付增值税额并可按照增值税有关规定据以抵扣增值税进项税额的凭证

通常对于非财税人士来讲,发票就是报销用的,只是专用发票还有抵税的功能,少有从收付款凭证的角度进行认真考虑。但平时取得普通发票与专用发票,也是有所困惑,比如:

(1)小规模纳税人能否索取专用发票?可以,只是没有太多的用途,作报销使用没有问题。

（2）一般纳税人是不是必须取得专用发票？对此并无限制，只要是真实的，取得普通发票没有问题，只是不能抵扣而已。有一些是明确不得抵扣的可以直接取得普通发票；即使是可以抵扣的，有时对方没有专用发票或开具麻烦，也可以直接取得普通发票。目前来看，并没有限制认为"本来能取得专用发票，结果取得普通发票"是有"不良企图"的规定与征管口径的要求，这一点，我们的财务人员与老板都要有所理解。

从上面的比较可以看出，普通发票是结算凭证，只是现实当中在税务上被当成税前扣除凭证与报销凭证使用了，结算的功能没有体现出来。但是如果从商业关系来看，普通发票所承载的功能就是结算功能。

《最高人民法院关于审理买卖合同纠纷案件适用法律问题的解释》（法释〔2012〕8号）是这样解释的：

第八条 出卖人仅以增值税专用发票及税款抵扣资料证明其已履行交付标的物义务，买受人不认可的，出卖人应当提供其他证据证明交付标的物的事实。

合同约定或者当事人之间习惯以普通发票作为付款凭证，买受人以普通发票证明已经履行付款义务的，人民法院应予支持，但有相反证据足以推翻的除外。

关于这一点，人民法院出版社出版的《最高人民法院关于买卖合同司法解释理解与适用》对买卖合同司法解释第八条进行了详细释义。简单地看，增值税专用发票并不是单纯的结算凭证，必须有其他的配合支持才能说明结算完成，而普通发票是优先认可，除非有据此推翻的证据。

在会计、税务及合同中，发票各自被赋予了重要的使命，在不同的从业人员眼中，往往关注的是其中的一部分。而作为创业者，需要首先考虑刑事责任的风险，其次考虑经济责任的风险，再次是税收上的风险，最后才是会计上的风险。毕竟拿钱回来，缴点税还是有结余的，而会计上不论有没有发票，只要真实都是可行的。

我们的建议

在日常交易中，为了规避普通发票开具形成的"付款凭据"，从而简化处理只给开具专用发票，如此京东商城等电商平台都会受不了，最主要的是增加了虚开的可能性。即使是普通发票，我们往往也面临着对方要发票报销的"强势"，而且多是比较大型的企业。但此时我们也不用担心，只要在合同中注明诸如"先开具发票，收款通过银行转账，转到哪个银行"这样的内容即可。在文章中的案例中，对方如果提出是现金支付的，对方收到且开具了普通发票，大家有争议的是现金，这个确实难解释现金收付取证，其实再查一下公司是否出账这么多钱，案例中的问题也能进一步核实。

  从另一个方面来讲，如果我们是发票的取得方，取得普通发票可以证明付款效力，取得增值税专用发票可以抵扣。常规来看，专用发票具有抵扣功能，本身更是我们所需要的，而不是只纠结于付款凭据的问题，而且当下多是电子付款方式，相应的凭据也早已不存在当初现金结算那样取证困难的问题了。

3.3 一个地址成立多家公司可能带来哪些影响

> **摘要**：当下"一址多公司"的现象普遍存在，但是我们近期关注到，在霍尔果斯注册企业被要求按"一址一照"进行注册，类似问题我们该如何应对？难道这本身就是违法的吗，还是税务机关戴了"有色眼镜"？

在避税洼地，比如霍尔果斯，之前存在的基本上全是虚拟地址的公司，但是现在，不可行了。据报道，当地已要求一址一照，不能数十家公司共用一个壳地址。在大城市中，老板虽然租赁了办公室，但是公司却是不断地成立。一个办公室能不能成立多个公司呢？工商、税务在管理当中有没有"潜规则"的问题呢？

小编遇到过一个地址注册成立两个公司的情形。在一些众创空间、招商洼地，多有一址多照、虚拟地址的情形。但是少有地方对公司的面积大小有明确要求，更多是为了创造良好的营商环境。

实际上，公司法并没有一址一照的限制，只是强调有必要的生产经营场所而已。《国务院关于大力推进大众创业万众创新若干政策措施的意见》（国发〔2015〕32号）提出：

加快实施工商营业执照、组织机构代码证、税务登记证"三证合一""一照一码"，落实"先照后证"改革，推进全程电子化登记和电子营业执照应用。支持各地结合实际放宽新注册企业场所登记条件限制，推动"一址多照"、集群注册等住所登记改革，为创业创新提供便利的工商登记服务。建立市场准入等负面清单，破除不合理的行业准入限制。开展企业简易注销试点，建立便捷的市场退出机制。依托企业信用信息公示系统建立小微企业名录，增强创业企业信息透明度。

对于工商与税务机关来说，主要是避免一些皮包公司搅乱市场，或者防止虚开发票的事情发生。比如小编曾在一址注册两家公司的基础上，向税务机关申请税控机，作为小规模纳税人以利开具普通发票之用，但并没有得到批准，但是此时代开专用发票并不受限。还有一家是拟申请电子普通发票，税务机关受理后，也是不予批准，正是因为一址多照害怕有虚开的情况。其实这种情形，本来是好的营商环境，有其正常经营的需要，但是税务机关因为害怕"担责任"而拒绝了正常的业务之需，这种做法也有待改进。

最后不得已，小编只能想办法更换地址，因为公司正常业务的开展确实离不开给部分用户开具正常的普通发票啊，而这绝对是对纳税人的"杀手锏"。

国家对于营商环境的政策，会受制于很多因素，比如征管手段的完善要跟上，要避免可能发生的一些案件或可能带来的一些不利影响。但整体来看，单单限制企业申领自开发票并不是解决问题的最佳方式。

我们的建议

虽有"一址多照"的可能与便利，但是企业必须知晓当地主管税务机关的执行意见，不要到最后因无法购买发票而产生商业影响与品牌影响。

创业者开始创业，入驻创业空间的时候，更要特别清晰地确认一下是不是存在注册的特殊便利事项，是不是存在领购发票的障碍等事项。如果需要成立多个公司，是不是只要增加工位就可以解决等。

3.4
虚开发票离我们有多远

> **摘要：** 虚开发票，特别是专用发票，刑罚重至无期徒刑，而之前可是有死刑的，直至2011年《刑法修正案八》才取消死刑。当下，发票违法事件屡禁不止，在利益的诱惑下，虚开手段层出不穷，以致合规经营的企业也受到了影响。知晓虚开之罪，远离"被害"风险，是创业人的必修课。

日常工作当中，我想很多老板在外出招待、商务活动、参加会议、出差、旅游、购买商品等活动中发生的支出，多是开具自己公司抬头的发票，回来直接报销处理。这种处理到底有没有问题呢？一直以来没有听说有什么问题。

3.4 虚开发票离我们有多远

比如张老板说:"公司是我的,我的支出就是工作,报销就是公司的支出,我就代表公司。"这话也没有毛病,比如旅游住宿支出,可能老板也是在采风,或者思考主要的商业规划与战略,这确实可能存在。但是如果张老板把给父母买的老年补品也拿来公司报销,是不是就有点问题了?

下面我们先聊一下在法的角度上,虚开是如何规定的(见表3-4):

表3-4

发票类型	规定	来源
增值税专用发票	虚开增值税专用发票是指有为他人虚开、为自己虚开、让他人为自己虚开、介绍他人虚开增值税专用发票行为之一的	《全国人民代表大会常务委员会关于惩治虚开、伪造和非法出售增值税专用发票犯罪的决定》
	具有下列行为之一的,属于"虚开增值税专用发票":(1)没有货物购销或者没有提供或接受应税劳务而为他人、为自己、让他人为自己、介绍他人开具增值税专用发票;(2)有货物购销或者提供或接受了应税劳务但为他人、为自己、让他人为自己、介绍他人开具数量或者金额不实的增值税专用发票;(3)进行了实际经营活动,但让他人为自己代开增值税专用发票。 虚开税款数额1万元以上的或者虚开增值税专用发票致使国家税款被骗取5千元以上的,应当依法定罪处罚。	《最高人民法院关于适用〈全国人民代表大会常务委员会关于惩治虚开、伪造和非法出售增值税专用发票犯罪的决定〉的若干问题的解释》(法发〔1996〕30号)

续表

发票类型	规　定	来　源
增值税普通发票	二、在《立案追诉标准（二）》中增加第六十一条之一：[虚开发票案（刑法第二百零五条之一）]虚开刑法第二百零五条规定以外的其他发票，涉嫌下列情形之一的，应予立案追诉： （一）虚开发票一百份以上或者虚开金额累计在四十万元以上的； （二）虽未达到上述数额标准，但五年内因虚开发票行为受过行政处罚二次以上，又虚开发票的； （三）其他情节严重的情形。	《最高人民检察院、公安部关于印发〈最高人民检察院、公安部关于公安机关管辖的刑事案件立案追诉标准的规定（二）的补充规定〉的通知》（公通字〔2011〕47号）

在现实当中，我们接触最多的虚开可能是这样的：

一是，专用发票不够抵扣，没有办法，只能"买票"。这种事，可能别人不出事，偏你出事，或者别人出事带出你出事。无论如何，于己不能做，于业务人员更不能暗示或明示其做，看着是省点钱的事，其实是把自己的"命"交付出去，而且还没有后悔药的。

二是，公司利润高，要交企业所得税，做什么，也是买发票，此时或许就有筹划机构、个人粉墨登场，给你介绍比如6个点开具发票，比如是普通发票，随便找个个人就到一个遥远的地方代开去了。这种情形，如果是普通发票，可能问题不如专用发票严重，但是查出来呢，也是要补税，或者因为事大了，直接构成刑事责任。

三是，个税太高，老板及高管每年通过个人渠道取得一些发票，情形同上。

虚开还包括另外一种情形，就是给别人开具，这个是自己主观决定与判断的。但在下面的情形中，并不属于虚开发票的情形。

情形一：付款方是客户之外的人（见图3-1）。

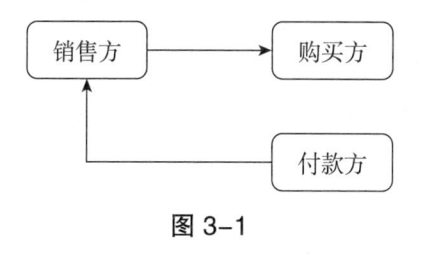

图 3-1

❶ 购买方与销售方签订合同，开具发票，并履行购销双方的权利义务。

❷ 付款方是购买方的老板本人或关联方等（注意绝对不能将银行等第三方金融机构视为独立方）。

上述交易并不存在问题，传闻中的"三流一致"或"四流一致"，是一种风险管理事项，违背了，可能有问题，也可能没有问题。尽管我们是想严格执行谁买谁付款，但有时我们更多还是优先基于收款，因为有时购买方没有钱，老板个人先垫付也是正常的。

此时我们要特别关注一个增值税的事，可能也对大家有影响，但我们要有坚定的立场。

早前，在还是手工开具专用发票的时候，我们国家财税部门曾经制定了一个涉及增值税抵扣的规定，即国税发〔1995〕192号文件[1]，其规定：

（三）购进货物或应税劳务支付货款、劳务费用的对象。纳税人购进货物或应税劳务，支付运输费用，所支付款项的单位，必须与开具抵扣凭证的销货单位、提供劳务的单位一致，才能够申报抵扣进项税额，否则不予抵扣。

这个规定相当于税务机关制定的抵扣规则，但并不代表这是等同于违反刑法中规定的虚开情形，只是"不得抵扣"而已。但是大家也知道，这个规则与付款挂钩，本身就有辅助证据的功能，且当前不付款的情形都能够抵扣，要不再重付一次行不行？所以很多人呼吁废止这个规定。只是大家知道，涉及虚开的情形非常多，税务机关也不愿意放开太大的空间，这也是该规定存在的原

---

[1] 国税发〔1995〕192号，即《国家税务总局关于加强增值税征收管理若干问题的通知》。

因之一。但请注意，营改增之后的服务、不动产销售、无形资产转让等，却并没有这样的限制，只是对于货物和劳务（提供加工、修理修配劳务）有限制。

情形二：开了票却未收到款。

这个更没有问题了，因为我们的税收规则是这样的，国家并不承担企业因收不到款产生坏账而不交税的风险，这是企业之间的事。所以，在这种情形下，只要有应税行为发生了，就需要计缴增值税，这跟虚开没有关系。

情形三：货物或服务到第三方（见图3-2）。

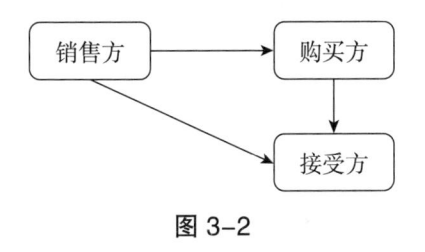

图 3-2

❶ 基于购买方为接受方的项目之需，外包部分项目给销售方，但购买主体是"购买方"，因为这是购买方为接受方完成工作。在交易中，只是货物或服务是应购买方要求在接受方交付而已。目前建筑业分包多是这样的，此时发票、款项与合同在销售方与购买方之间发生，非常明确，没有问题。

情形四：销售方签订合同之后，转给分公司或子公司实施（见图 3-3）

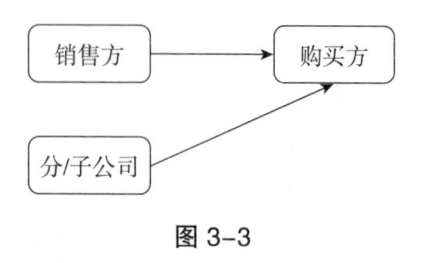

图 3-3

❶ 如果是货物或服务，销售方与购买方签订合同之后，由分或子公司与购买方开具发票、收款结算、完成销售，此处就是合同出现差异，宜由销售方指定分／子公司来完成，合同中要有所体现，分公司比较容易接受这种情形，子公司建议是自己签订合同。

❷ 如果仍由销售方开具发票，此时如果分／子公司向销售方开具发票，相当于一个完整的链条，基本上不会认为是销售方虚开发票，因为本身是"转售"的情形。

但是如果销售方开具发票之后，分／子公司并不向销售方开具发票，这就是虚开了，尽管分公司是一家人，所得税上是汇总纳税人，但是增值税上却是独立纳税的。

无论是虚开取得还是对外开具，都是悬在创业人头上的一把"利剑"，税上的事，可能是压倒自己的那么一根"稻草"，因为这个很容易查到，发现与形成结果。比如有的企业利用虚开形成发票去办理保理融资，或者为了做大业务彼此虚开，后果有可能很严重。大家一查资料便知，有多少富豪因此陷入危急境地。

还有一种情形，我们发现，一些人或许在车站收一些火车票等，尽管有时名字对不上，但也拿到公司报销，这也是虚报，被查到最起码要接受补个税与罚款等处理。还有一些人专门收购出租车发票，这个看不出名字，但是天天坐出租，一看也不靠谱。

下面是一则摘自中国裁判文书网的法院判例，大家可以借鉴一下。

杨树兵非法出售发票二审刑事裁定书
北京市第一中级人民法院刑事裁定书

〔2018〕京 01 刑终 404 号

上诉人（原审被告人）杨树兵，男，38 岁（1979 年 10 月 10 日出生），汉族，出生地河北省赤城县，初中文化，捕前系滴滴快车司机，住河北省张家口市赤城县。因涉嫌犯非法出售发票罪，于 2018 年 1 月 10 日被羁押，同年 2 月 8 日被逮捕。现羁押在北京市海淀区看守所。

北京市海淀区人民法院审理北京市海淀区人民检察院指控原审被告人杨树兵犯非法出售发票罪一案，于2018年5月11日作出〔2018〕京0108刑初934号刑事判决。宣判后，原审被告人杨树兵不服，提出上诉。本院依法组成合议庭，经过阅卷，讯问上诉人杨树兵，核实了有关证据，认为本案的事实清楚，决定不开庭审理。现已审理终结。

北京市海淀区人民法院判决认定：2018年1月10日11时许，被告人杨树兵在本市海淀区广源大厦南侧附近，以人民币2 500元的价格向他人出售"北京市出租汽车专用发票"1 915份，经鉴定均系真发票。被告人杨树兵被民警当场抓获，后如实供述了上述犯罪事实。

上述事实，有一审法院经庭审举证、质证并予以确认的被告人杨树兵的供述，证人张某、王某1、王某2等人的证言，涉案发票照片，北京市海淀区国家税务局鉴定发票证明，QQ聊天记录截图，扣押物品清单，发还清单，受案登记表，到案经过，身份证明材料等证据证实。

一审法院认为，被告人杨树兵非法出售发票，情节严重，其行为已构成非法出售发票罪，应予惩处。鉴于被告人杨树兵已经着手实行犯罪，由于其意志以外的原因未得逞，系犯罪未遂；且其到案后能如实供述犯罪事实，认罪态度较好，一审法院依法对其减轻处罚。依照《中华人民共和国刑法》第二百零九条第二款、第四款，第二十三条，第六十七条第三款，第五十三条第一款，第六十四条，判决：一、被告人杨树兵犯非法出售发票罪，判处有期徒刑十个月，罚金人民币二万元。二、扣押在案的涉案发票依法予以没收。

上诉人杨树兵对一审认定的事实没有异议，但认为一审判决量刑过重，请求二审从轻处罚。

上诉人杨树兵在二审期间未向法庭提交新的证据。

经二审审理查明的事实、证据与一审相同。一审判决所据证据，经查，收集合法，并经庭审举证、质证，能够证明案件的真实情况，本院予以确认。

本院认为，上诉人杨树兵非法出售发票，情节严重，其行为已构成非法出售发票罪，应予惩处。鉴于杨树兵已经着手实行犯罪，由于意志以外的原因未得逞，系犯罪未遂；且其到案后能如实供述自己的罪行，认罪态度较好，依法对其减轻处罚。一审法院考虑到杨树兵系犯罪未遂且认罪态度较好，已对其减轻处罚，杨树兵请求二审法院对其再予从轻处罚的上诉理由，无事实和法律依据，本院不予采纳。一审法院根据杨树兵犯罪的事实、犯罪的性质、情节和对于社会的危害程度所作出的判决，事实清楚，证据确实、充分，定罪和适用法律正确，量刑适当，审判程序合法，应予维持。据此，本院依照《中华人民共和国刑事诉讼法》第二百二十五条第一款第（一）项之规定，裁定如下：

驳回上诉，维持原判。

大家也不必过于担心，比如上面的出差住宿，取得增值税专用发票，个人用现金先支付，回到单位报销，很多人有过担心，这是不是"虚开"给单位呢？这并不属于虚开。国税发〔1995〕192号文件要求"所支付款项的单位，必须与开具抵扣凭证的销货单位、提供劳务的单位一致，才能够申报抵扣进项税额，否则不予抵扣"，但是对于营改增之后的服务，却并没有这样的限制，这只是国家税务总局的一个关于抵扣的要求，并非定义为虚开。因为出差住宿当下由单位汇款是不大现实的，或者每个人都带一张单位的信用卡进行支付也不现实。

我们的建议

无论是作为老板自己，还是为员工考虑，都不宜放松对发票报销抵工资的管理。有时老板听了个别财务人员的建议，甚至让员工自己去找专用发票报销，美其名曰"充分抵扣进项"。因为整个业务都是假的，所以这种票很容易因上游出事而受牵连。

发票风险警钟长鸣，是每个创业人的一条红线，知晓了这些规则，才能远离风险。

值得我们关注的是，2018年8月22日，最高法院发布了《关于虚开增值税专用发票定罪量刑标准有关问题的通知》，即虚开的税款数额在五万元以上的，以虚开增值税专用发票罪处三年以下有期徒刑或拘投，并处二万元以上二十万元以下罚金；虚开的税款数额在五十万元以上的，认定为刑法第二百零五条规定的"数额较大"；虚开的税款数额在二百五十万元以上的，认定为刑法第二百零五条规定的"数额巨大"。

3.5

发票事项知多少，
搞懂了发票就处理好了一半的税事

> **摘要**：现实当中，我们会接触各种各样的发票样式，比如打车的、停车的、过路过桥的发票，铁路票据，定额发票等，即使是专业人员，有时也说不清到底有多少种发票。这里，为老板们提供一个简要的对应了解、对应使用的参照。

在中国的涉税管理中的，发票的"核心"地位是慢慢树立的。比如普通发票，本来的功能是一个结算凭据，专用发票就是一个抵扣凭证兼有报销功能，但是，我们现在的所得税，就是将发票作为核心的扣除判断因素来处理了。还有土地增值税的清算，增值税的差额，这些都离不开发票。从一定意义讲，企业管好发票，税上就成功管好了一半;而对于税务机关来讲,管好发票,也就成功了一半。我们国家持续投入大量人力物力开发的增值税防伪系统,与整合开发的"金三"系统,核心也是以发票为支撑形成的税收电子化与智能管理格局。

但是,大家别以为发票就是一个很简单的事情。因为我们国家的发票种类多,填开要求五花八门,以致我们在结果导向上存在大量的陷阱。作为奋战在一线的老板们,技多不压人,辛辛苦苦挣的钱,降入陷阱多缴了税,这丢掉的可是真金白银啊。

1. 关于发票种类

中国当前的发票种类主要分为增值税专用发票和增值税普通发票两大类,在形式上又分为纸质发票与电子发票两大类(见表3-5)。

表3-5

发票种类	是否有电子票	开具方式	补　充
增值税专用发票	没有	名称中有省份的名字,如"北京增值税专用发票"	机动车销售统一发票也属于专用发票
增值税普通发票	有	有多联式、卷式、电子普通发票三类	

续表

发票种类	是否有电子票	开具方式	补充
其他类型发票（北京为例）	部分开始试点电子票	二手车销售统一发票 通用机打发票 通用定额发票（八种版面） 北京市停车收费定额专用发票（八种版面） 新版出租汽车专用发票 印有本单位名称的发票（含门票和过桥过路费发票等）	
可以作为报销凭证的其他票据	没有	航空运输电子客票行程单 火车票	行程单属于发票监制，火车票属于铁路部门特定允许扣除的票据

2. 发票填开要素要求

如果是专用发票，则必须填开完整，不能遗漏。但是对于现代服务，有时在规格型号、单位栏中无法填写，对此税务机关也多予认可。

如果是增值税普通发票，理论上看，需要填开完整。但是当下来看，企业作为接受方，填写名字与纳税人识别号是最核心的。

而对于发票开具中需要填开的收款人、复核、开票人，小编建议也填写完整。小编曾接触某案例，因其增值税专用发票的单位填写错误，"公斤"开成了"吨"，结果税务机关不允许抵扣，最后更换发票才得以重新抵扣。

同时严格要求起来，还不得压线、错格，这些都要在取得发票时予以关注，至于发票取得后折了或者受潮了，只要内容还在，发票完整，基本上不会对抵扣或税前扣除造成影响。但是如果是通过扫描认证方式抵扣的纳税人，建议还是不要折，保管完好为要。

3. 汇总开具发票的清单

详见表3-6。

表3-6

发票种类	清单	要求	说明
专用发票	可以有清单	汇总开具专用发票的，同时使用防伪税控系统开具《销售货物或者提供应税劳务清单》，并加盖发票专用章	如自开或未开则通常认为不得抵扣，但并不宜直接认为不得税前扣除
普通发票	可以有清单	如果购买的商品种类较多，销售方可以汇总开具增值税普通发票。购买方可凭汇总开具的增值税普通发票以及购物清单或小票作为税收凭证	普通发票不能抵扣增值税，但是可以企业所得税税前扣除

如果开具发票票面的行次够用，就不需要清单，如果取得清单的情形，要特别关注专用发票的清单。

4. 发票的备注栏

自 2016 年 5 月 1 日全面营改增以来，发票的备注栏变得非常重要，因为对于一些开具事项，要求在发票备注栏中要填写相应的信息（见表 3-7），如果不填写，则可能受到"填写不规范"的质疑，从而无形中增加自己的沟通成本、纳税成本。

表 3-7

序号	情形	分类情形	备注栏填开要求	依据
1	运输业	互联网物流平台企业为会员代开增值税专用发票	试点企业使用自有专用发票开票系统，按照 3% 的征收率代开专用发票，并在发票备注栏注明会员的纳税人名称和统一社会信用代码（或税务登记证号码或组织机构代码）	税总函〔2017〕579 号
		货物运输	将起运地、到达地、车种车号以及运输货物信息等内容填写在发票备注栏中，如内容较多可另附清单。中国铁路总公司及其所属运输企业（含分支机构）提供货物运输服务，可自 2015 年 11 月 1 日起使用增值税专用发票和增值税普通发票，所开具的铁路货票、运费杂费收据可作为发票清单使用	税总货便函〔2017〕127 号
		铁路运输企业受托代征的印花税款	可填写在发票备注栏中	税总货便函〔2017〕127 号

3.5 发票事项知多少，搞懂了发票就处理好了一半的税事

续表

序号	情形	分类情形	备注栏填开要求	依据
2	税务机关代开发票	代开专用发票	增值税纳税人应在代开增值税专用发票的备注栏上，加盖本单位的发票专用章（为其他个人代开的特殊情况除外）	税总货便函〔2017〕127号
		代开普通发票	税务机关在代开增值税普通发票以及为其他个人代开增值税专用发票的备注栏上，加盖税务机关代开发票专用章	
		跨地区开具发票	税务机关为跨县（市、区）提供不动产经营租赁服务、建筑服务的小规模纳税人（不包括其他个人），代开增值税发票时，在发票备注栏中自动打印"YD"字样	税总货便函〔2017〕127号
3	建筑业	施工地备注	发票的备注栏注明建筑服务发生地县（市、区）名称及项目名称	税总货便函〔2017〕127号
		土地增值税计算扣除规定	五、关于营改增后建筑安装工程费支出的发票确认问题 营改增后，土地增值税纳税人接受建筑安装服务取得的增值税发票，应按照《国家税务总局关于全面推开营业税改征增值税试点有关税收征收管理事项的公告》（国家税务总局公告2016年第23号）规定，在发票的备注栏注明建筑服务发生地县（市、区）名称及项目名称，否则不得计入土地增值税扣除项目金额	国家税务总局公告2016年第70号
		建筑服务增值税差额	从分包方取得的2016年5月1日后开具的，备注栏注明建筑服务发生地所在县（市、区）、项目名称的增值税发票，否则不得扣除	国家税务总局公告2016年第17号

89

续表

序号	情形	分类情形	备注栏填开要求	依据
4	不动产	注明地址	应在发票"货物或应税劳务、服务名称"栏填写不动产名称及房屋产权证书号码（无房屋产权证书的可不填写），"单位"栏填写面积单位，备注栏注明不动产的详细地址	税总货便函〔2017〕127号
		出租不动产	出租不动产，纳税人自行开具或者税务机关代开增值税发票时，应在备注栏注明不动产的详细地址	国家税务总局公告2016年第23号
5	保险公司	代收车船税	增值税发票备注栏中注明代收车船税税款信息。具体包括：保险单号、税款所属期（详细至月）、代收车船税金额、滞纳金金额、金额合计等。该增值税发票可作为纳税人缴纳车船税及滞纳金的会计核算原始凭证	税总货便函〔2017〕127号
		委托代征税款	为个人保险代理人汇总代开增值税发票时，应在备注栏内注明"个人保险代理人汇总代开"字样。证券经纪人、信用卡和旅游等行业比照执行	
6	差额征税开具发票	差额开具发票	纳税人或者税务机关通过新系统中差额征税开票功能开具增值税发票时，录入含税销售额（或含税评估额）和扣除额，系统自动计算税额和不含税金额，备注栏自动打印"差额征税"字样，发票开具不应与其他应税行为混开	税总货便函〔2017〕127号

续表

序号	情形	分类情形	备注栏填开要求	依据
7	预付卡	单用途预付卡	销售方与售卡方不是同一个纳税人的，销售方在收到售卡方结算的销售款时，应向售卡方开具增值税普通发票，并在备注栏注明"收到预付卡结算款"，不得开具增值税专用发票。	税总货便函〔2017〕127号
		多用途预付卡	特约商户收到支付机构结算的销售款时，应向支付机构开具增值税普通发票，并在备注栏注明"收到预付卡结算款"，不得开具增值税专用发票。	税总货便函〔2017〕127号

5. 取得发票未付款有没有问题

有发票，是不是必须付款，还真不一定。虽然发票上明确写着"收款人"，且要求填开名字，但当时却可能真没有收款。对于付款人来讲，不付款会不会影响税前扣除或抵扣？这一点也不用担心，偶有专家或税务伙伴简单地认为"不付款就不能扣除或抵扣"，这是明显错误的，若是这样，我们真不用打那么多涉及经济类的争议官司了。

如果没有付款会如何呢？一是可以长期挂账，二是真要是因为特定原因不支付了，则对于付款人就需要转入自己的收入当中，计算缴纳所得税（注意，并不需要计缴增值税）。

6. 什么时候提供发票

对于增值税抵扣来讲，即付即取得是比较好的。但是对于所得税来讲，只要在汇算清缴结束（次年的5月31日）前取得即可。日常会计做账与预缴所得税暂不需要取得，一些计提的成本费用仍是可以扣除来计算预缴所得税的。

7. 某些抬头为个人的发票

行程单、出差过程中的人身意外保险费支出、火车票等一般都是个人的抬头，这些是可以作为公司费用税前扣除的，还有一些医药补贴、个人住房补贴、取暖费补贴等，也是个人抬头，此时多认可作为福利费用处理，但这种情形更多是列举情形的，不宜随意扩大。同时，对于当下一些网络平台的打车费用，往往是平台公司开具的，而且发票抬头可以是公司的，能不能税前扣除，反倒不明确了，因为在整个交易中，无法明确提供主体与开具发票主体的一致，比如某些税务机关人员质疑在天津的平台公司为广州的公司开具用车的交通运输费用发票，这一点需要关注，毕竟新经济的发展与税务政策滞后的情况都是客观存在的。但这些都是"小钱"，大家多掌握一个知识点即可。

关于发票的问题，以上主要讲了形式上的要件，因为我们的政策规定也是比较严格的，填开不规范的发票，是不得税前扣除的，倘若真遇到了这样的事，吃亏的还是自己。

有一些情形，是不必需要发票的，这个主要是指政府性收费、土地出让金等，还有一些属于非应税项目的，比如当下的股权转让，因为不缴纳增值税，自然也就不需要发票。《企业所得税税前扣除凭证管理办法》（国家税务总局公告2018年第28号发布）规定：

对方为依法无需办理税务登记的单位或者从事小额零星经营业务的个人，其支出以税务机关代开的发票或者收款凭证及内部凭证作为税前扣除凭证，收款凭证应载明收款单位名称、个人姓名及身份证号、支出项目、收款金额等相关信息。

老板经常出国，若到了欧美国家，他们可没有像中国这样的严格发票格式标准与开具体系，有时就是一个白条收据，对此，我们的税务机关也是认可的，我们无权要求其他国家的企业遵照中国的税法来落实上述的发票要求。

我们的建议

在合规取得的基础之上，对于形式上的完善，也是一个企业规避涉税风险的主要手段，此时老板要尽量满足财税部门的相应要求，而不是认为有张发票就"有理走遍天下"。如果真的是付了款但取得的发票不规范而又难以重开，因此涉及补税，似乎就真不值得了。

目前，电子发票可以作为报销凭证，税前扣除也予以认可，只是企业老板需要防止其重复打印报销的情形发生。

3.6 企业的社保与纳税信用状况对老板有何影响

> **摘要：** 中国正在努力建立信用体系，对失信人员会有诸多限制，比如失信人员不能再设立企业、不准乘坐飞机与高铁、不能出国、不能当人大代表，等等。甚至有一些地方，失信人员子女上学都会受到影响。作为创业人，面临的这些风险尤其多样，我们一定要重视起来。

如果一个能挣钱的老板，不能乘飞机、不能乘坐高铁，会是什么样呢？2018年，"信用中国"网站发布了《限制乘坐火车、民用航空器严重失信人公示名单》。那么，有哪些事项会引致这些情形呢？

《关于在一定期限内适当限制特定严重失信人乘坐民用航空器 推动社会信用体系建设的意见》（发改财金〔2018〕385号）提出了如下的情形：

严重违法失信行为有关责任人

1. 有履行能力但拒不履行的重大税收违法案件当事人；

2. 在财政性资金管理使用领域中存在弄虚作假、虚报冒领、骗取套取、截留挪用、拖欠国际金融组织和外国政府到期债务的严重失信行为责任人；

3. 在社会保险领域中存在以下情形的严重失信行为责任人：用人单位未按相关规定参加社会保险且拒不整改的；用人单位未如实申报社会保险缴费基数且拒不整改的；应缴纳社会保险费且具备缴纳能力但拒不缴纳的；隐匿、转移、侵占、挪用社会保险基金或者违规投资运营的；以欺诈、伪造证明材料或者其他手段骗取社会保险待遇的；社会保险服务机构违反服务协议或相关规定的；拒绝协助社会保险行政部门对事故和问题进行调查核实的；

4. 证券、期货违法被处以罚没款，逾期未缴纳的；上市公司相关责任主体逾期不履行公开承诺的；

5. 被人民法院按照有关规定依法采取限制消费措施，或依法纳入失信被执行名单的；

6.相关部门认定的其他限制乘坐火车高级别席位的严重失信行为责任人，相关部门加入本文件的，应当通过修改本文件的方式予以明确。

对上述行为责任人限制乘坐火车高级别席位，包括列车软卧、G字头动车组列车全部座位、其他动车组列车一等座以上座位。

以上是对于交通方面的一些限制，当然也有限制出境的措施，《国家税务总局 公安部关于印发〈阻止欠税人出境实施办法〉的通知》（国税发〔1996〕215号）中有这样的规定：

第三条 经税务机关调查核实，欠税人未按规定结清应纳税款又未提供纳税担保且准备出境的，税务机关可依法向欠税人申明不准出境。对已取得出境证件执意出境的，税务机关可按本办法第四条规定的程序函请公安机关办理边控手续，阻止其出境。

欠税人为自然人的，阻止出境的对象为当事人本人。

欠税人为法人的，阻止出境对象为其法定代表人。

欠税人为其他经济组织的，阻止出境对象为其负责人。

上述法定代表人或负责人变更时，以变更后的法定代表人或负责人为阻止出境对象,法定代表人不在中国境内的,以其在华的主要负责人为阻止出境对象。

第五条 各省、自治区、直辖市公安厅、局接到税务机关《边控对象通知书》后,应立即通知本省、自治区、直辖市有关边防口岸,依法阻止有关人员出境、欠税人跨省、自治区、直辖市出境的,由本省、自治区、直辖市公安厅、局通知对方有关省、自治区、直辖市公安厅、局通知对方有关省、自治区、直辖市公安厅、局实施边控。有关边防检查站在接到边控通知后应依法阻止欠税人出境。必要时,边防检查站可以依法扣留或者收缴欠缴税款的中国大陆居民的出境证件。

大家注意,以上更多是对于法定代表人的规定,有时企业的法定代表人并不是核心控制人,可能是核心人员的亲戚或家属。另外,上述的限制出境是由本省再到全国,可我们国家这么大,恐怕一时也难以控制到这么大的范围。

《纳税信用管理办法(试行)》规定:

第二十条 有下列情形之一的纳税人,本评价年度直接判为D级:

(一)存在逃避缴纳税款、逃避追缴欠税、骗取出口退税、虚开增值税专用发票等行为，经判决构成涉税犯罪的；

（二）存在前项所列行为，未构成犯罪，但偷税（逃避缴纳税款）金额10万元以上且占各税种应纳税总额10%以上，或者存在逃避追缴欠税、骗取出口退税、虚开增值税专用发票等税收违法行为，已缴纳税款、滞纳金、罚款的；

（三）在规定期限内未按税务机关处理结论缴纳或者足额缴纳税款、滞纳金和罚款的；

（四）以暴力、威胁方法拒不缴纳税款或者拒绝、阻挠税务机关依法实施税务稽查执法行为的；

（五）存在违反增值税发票管理规定或者违反其他发票管理规定的行为，导致其他单位或者个人未缴、少缴或者骗取税款的；

（六）提供虚假申报材料享受税收优惠政策的；

（七）骗取国家出口退税款，被停止出口退（免）税资格未到期的；

（八）有非正常户记录或者由非正常户直接责任人员注册登记或者负责经营的；

（九）由D级纳税人的直接责任人员注册登记或者负责经营的；

（十）存在税务机关依法认定的其他严重失信情形的。

第三十二条　对纳税信用评价为D级的纳税人，税务机关应采取以下措施：

（一）按照本办法第二十七条的规定，公开D级纳税人及其直接责任人员名单，对直接责任人员注册登记或者负责经营的其他纳税人纳税信用直接判为D级；

（二）增值税专用发票领用按辅导期一般纳税人政策办理，普通发票的领用实行交（验）旧供新、严格限量供应；

（三）加强出口退税审核；

（四）加强纳税评估，严格审核其报送的各种资料；

（五）列入重点监控对象，提高监督检查频次，发现税收违法违规行为的，不得适用规定处罚幅度内的最低标准；

（六）将纳税信用评价结果通报相关部门，建议在经营、投融资、取得政府供应土地、进出口、出入境、注册新公司、工程招投标、政府采购、获得荣誉、安全许可、生产许可、从业任职资格、资质审核等方面予以限制或禁止；

（七）D级评价保留2年，第三年纳税信用不得评价为A级；

（八）税务机关与相关部门实施的联合惩戒措施，以及结合实际情况依法采取的其他严格管理措施。

大多数创业公司存在少缴甚至不缴员工社保的问题，而这种基于社保局征收与税务机关个税收入申报之间的信息不完整导致的无法核查马上就要消失了。2019年1月1日起，税务机关将全面征收社保费，之前多数税务机关只是代收，并不拥有检查权，鲜有税务机关全权限征收的地方。但是现在不一样了，税务机关有权、有义务来完成对社保费的完整征收。至于住房公积金，目前仍是住房公积金管理中心的事，短期之内，税务机关应该不会直接接手。

从以上关注的情形可以看到，纳税人正日益受到国家信用持续强化的监管，在这个过程中，或许有的来得很快，比如社保的低缴纳被曝光，还有一些可能来得晚一些，比如限制乘坐高铁、飞机等，但是无论如何，随着国家信息化管理手段的提升，持续的信用强化，原来的一些经营手段需要及时调整方向了。

我们的建议

小编看到，一些地方对人大代表的选举，也有不得有欠税情形存在的要求。因此，无论是自己未来的成长，还是认为即使企业关门之后也能再开一家"混"过去的想法,是比较难行得通了。有的人或许认为,让自己的父母或者兄弟姐妹,甚至找一个不相关的人来作为法人代表是不是更好,殊不知,这样做的利益纠纷风险肯定不会少,也可能影响自己的企业成长发展。

3.7
到异地经商或施工，税收征管有何影响

> **摘要：** 中国地大物博，这当然是好事，但是地大了，外出经营的管理就复杂了。比如在一个城市不同的区，就相当于要外出经营进行管理了。难道不是在一个地方缴纳完税款就行了吗？有时还真不行。

目前，我们国家对于异地经营的情形，有工商、税务、安全生产、食品安全、建筑施工等诸多职能部门管理，现在我们主要聊一下，到异地从事商业活动，这个税到底在哪儿交，会不会有违法的问题发生？

比如小编公司在北京，承接了一个广东的咨询服务业务，于是就背起包飞到广东开始工作了，一待就是一个月，那我要在哪儿缴税呢？

请注意，上面我是以公司的名义接的单，虽然我在广东待了一个月，消耗了当地的资源，占用了当地的"地盘"，但我并不需要在当地纳税。但是如果我待了一年呢，是不是必须在当地办理工商登记，同时办理税务登记，进而在当地计缴税款呢？

对此，《关于提请解释〈中华人民共和国行政许可法〉有关适用问题的函》的复函（国法函〔2004〕293号）曾提出了这样的意见：

二、法律、行政法规规定的取得有关行政许可的条件、标准应当是全国统一的。只要申请人取得的行政许可的适用范围依法没有地域限制，被许可人在一个地方取得了行政许可，就可以在全国范围内从事被许可的活动，无需在其他地方再次申请同一行政许可或者目的相同的行政许可。例如，一个建筑企业在某地依法登记、取得营业执照后，就可以在全国范围内参加投标、承揽建设工程，无需在其他地方再次申请登记、办理营业执照。但是，如果为了方便生产经营活动，在某地依法设立的企业拟在其他地方设立分支机构或者投资设立独立核算的法人，则应当按照有关法律、行政法规等的规定申请办理登记、领取营业执照。

税务登记往往是依附于工商登记的，《税务登记管理办法》规定：

企业，企业在外地设立的分支机构和从事生产、经营的场所，个体工商户和从事生产、经营的事业单位，均应当按照《税收征管法》及《实施细则》和本办法的规定办理税务登记。

前款规定以外的纳税人，除国家机关、个人和无固定生产、经营场所的流动性农村小商贩外，也应当按照《税收征管法》及《实施细则》和本办法的规定办理税务登记。

大家可以发现，如果是到外地提供上述的咨询服务，只是办理完成一个服务的实施，这本身与在当地设立公司宣传运营是不同的，当然也可以设立分公司，由分公司来完成上述业务。现实当中还有一种情形也是小编遇到的：在异地设立的仓库，要不要进行工商登记，进而办理税务登记呢？

这个现实当中争议估计很多，我们也需要区分情形判断。下面小编摘录两个地方工商部门[1]的意见，供大家参考：

1. 重庆工商局（在线回复，2017年5月）

关于异地区县设立中转仓库是否必须办理分公司营业执照的问题

我司住所地和经营场所在涪陵区，在酉阳县和万州区分别设

---

[1] 2018年机构改革，工商行政管理局已并入新设立的市场监督管理局。

立了货物中转仓库，只收发货物，不产生任何经营，但经询问当地工商管理部门，答复是只要设立货物中转仓库，就必须办理分公司营业执照，否则视为无证经营。

现特向贵局咨询，上述情况是否必须办理分公司营业执照？

答：您在万州区设立了货物中转仓库收发货物，仓储服务属于经营服务，已产生经营活动。根据《公司法》规定，需办理分公司营业执照。办理分公司所需提交材料：

1.《分公司登记申请书》（原件1份）；

2.《指定代表或者共同委托代理人授权委托书》及指定代表或委托代理人的身份证件复印件（需身份证原件扫描）（原件1份）；

3. 公司章程（复印件1份）（加盖公司公章）；

4. 公司营业执照（复印件1份）（加盖公司公章）；

5. 分公司营业场所使用证明（原件1份，复印件1份）；

6. 分公司负责人的任职文件及身份证件复印件（需身份证原件扫描）（原件1份）；

7. 分公司申请登记的经营范围中有法律、行政法规和国务院决定规定必须在登记前报经批准的项目，提交有关批准文件或者许可证件的复印件（分公司的经营范围不得超出公司的经营范围）（原件1份，复印件1份）；

8.法律、行政法规和国务院决定规定设立分公司必须报经批准的，提交有关的批准文件或者许可证件复印件（原件1份，复印件1份）。

2.广东工商局

关于企业自用仓库是否需要办理工商营业执照及其监管问题的答复

东莞市工商行政管理局：

你局《关于企业自用仓库是否需要办理工商营业执照及其监管问题的请示》收悉。经研究，现答复如下：

企业自用仓库只储存本企业生产产品、自用原料及其他自用物品，不从事经营活动的，不需办理工商营业执照。企业自用仓库须经相关部门审批方可启用的（如危险化学品仓库、民用爆炸物品仓库、成品油仓库等），由相关部门依法进行监督管理。

此复。

二〇〇八年八月六日

上面只是探讨了工商部门的一些规则，下面我们再看看涉税的处理要求。《国家税务总局关于创新跨区域涉税事项报验管理制度的通知》（税总发〔2017〕103号）[1]规定：

纳税人跨省（自治区、直辖市和计划单列市）临时从事生产经营活动的，不再开具《外出经营活动税收管理证明》，改向机构所在地的国税机关填报《跨区域涉税事项报告表》，税务机关不再按照180天设置报验管理的固定有效期，改按跨区域经营合同执行期限作为有效期限。合同延期的，纳税人可向经营地或机构所在地的国税机关办理报验管理有效期限延期手续。

这是关于跨地区经营的管理问题，其实对于跨地区经营方面，我们在税上的处理主要如下（见表3-8）：

表3-8

行业类型	所得税	增值税	备注
一般总分公司异地模式	汇总计税分摊纳税	各自为纳税人	所得税不特定无须分摊，增值税有省级汇总计税的特殊规定

---

[1] 国家税务总局公告2018年第38号，即《国家税务总局关于明确跨区域涉税事项报验管理相关问题的公告》进一步细化了相关事项。

续表

行业类型	所得税	增值税	备注
异地施工项目	项目实际经营收入的0.2%按月或按季由总机构向项目所在地预分企业所得税,并由项目部向所在地主管税务机关预缴	异地提供建筑服务,预缴增值税,如果是异地分公司,则单独计算增值税	
异地不动产出租	不需要单独计缴或预缴	异地预缴	

所以大家要理解,现实当中,还可能存在以个人身份到外地从事服务活动的问题,此时对于个人所得税,往往是按由对方代扣代缴处理。如果是合伙企业运营,则个人合伙人需要在合伙企业所在地按生产经营所得或股息红利所得计缴个人所得税。

虽然有时纳税是对的,但是纳的地方不对,也是个麻烦事儿。因为我国有明确的财政税收管理方式,纳税地点有误也成问题,因此财政归属也是需要重点考虑的问题。不同的主体、不同的征管方式,有不同的计税结果与缴纳方式,如果涉及异地的情形,我们要特别谨慎处理。

我们的建议

在处理计税业务时,企业的财务要注意,才不致产生交错地方而另一方仍追税的问题。此时，作为老板，要适当地了解一下相关的知识点，这儿要结合工商管理规定一并考虑。因为财务更多地考虑了纳税的问题，税务登记往往也是依附于工商登记进行的。

现实当中，还有一种真的是异地经营，比如在深圳成立的公司，人员却在北京工作，深圳有可能是壳公司或虚拟地址公司，理解上看，这是违反工商管理规定的，只是现实当中，还没有管理到位。还有的本身是在同一个城市，只是跨区运营，之前各区税务机关存在比较明显的争夺税源的问题，随着商业环境改善的推进，企业跨区迁移面临的问题引起政府部门的重视，各地不断推出优化措施，减少人为阻碍企业迁移的问题。

附：

北京市国家税务局 北京市地方税务局 关于优化纳税人跨区迁移有关事项的公告

为深化"放管服"改革，着力优化北京市（以下简称"本市"）营商环境，保证纳税人正常生产、经营，规范税收征管秩序，服务区域经济健康稳定发展，北京市国家税务局、北京市地方税务局依据《中共北京市委 北京市人民政府印发〈关于率先行动改革优化营商环境实施方案〉的通知》(京发〔2017〕20号)的精神,根据《国家税务总局关于进一步深化税务系统"放管服"改革优化税收环境的若干意见》(税总发〔2017〕101号)的工作要求,结合本市实际,现将本市企业办理跨区迁移有关事项公告如下:

一、办理范围

因本市内生产经营地发生变化而涉及改变主管税务机关的企业及其他组织(以下简称"纳税人"),本市迁往市外的纳税人除外。

二、办理部门

年度缴纳税款(国税和地税缴纳税款之和)1 000万元以上的纳税人跨区迁移事权在北京市国家税务局、地方税务局;

年度缴纳税款(国税和地税缴纳税款之和)不满1 000万元的纳税人跨区迁移事权在各区(地区)国家税务局、地方税务局。

三、办理方式及时限

迁移事权在北京市国家税务局、地方税务局的,通过网上办税服务厅申请,其他纳税人可通过网上办税服务厅或所属税务机关办税服务厅申请办理。

纳税人在本市内提请跨区迁移申请，凡符合跨区迁移条件的，迁出地税务机关将于 5 个工作日内完成纳税人跨区迁移。

四、施行时间

本公告自发布之日起施行。

特此公告。

北京市国家税务局　北京市地方税务局

2018 年 4 月 19 日

3.8 国地税合并对个人和企业的影响

> **摘要**：国地税合并是 2018 年税务领域的大事件，影响了税务机关、税务人员、税务治理体系，带来了服务理念的转变。同时更影响了纳税人，数量大、事项多，纳税人支持是一方面，但对于创业人来讲，还是希望税务机关将服务做得更到位，办事快捷，审核标准明确，减少对于正常商事的影响，这样我们的营商环境就会更加完善。

从 1994 年国地税分家，到 2018 年国地税又并为一家，24 年间我们早就习惯了"办一件事，跑两家门"的处理方式。然而，此次机构改革的力度非常大，以致忽然之间，国地税合并就变成现实了。国地税合并，从政府效率、社会成本、税收征管成本以及纳税成本来讲，都是利大于弊。原来税种分两个部门管理，难免有所遗漏，甚至出现一个城市中国税与地税对于同一税种中的事项管理口径还不一样的情形，这些似乎成了"笑话"——严肃的税法竟然因为管理人员认识不同、决策程序不同，能出现这种低级的问题！

还有的税种是国地税皆有管理，比如企业所得税，向境外付汇的代扣代缴，容易造成两个部门的重复管理问题。从有效行政的角度说，确实到了国地税"合并为一家人"的时候。

但是，国地税合并似乎"磨刀霍霍"，一系列政策频频发布，且有趋向偏紧的感觉，有些纳税人担心是不是于己不利。小编认为，对于过去利用部门间管理的空白地带，或者是某个部门的薄弱地带进行的一些灰色操作，必然受到影响。但是对于我们的企业来讲，一定是趋于有利方向的。

鉴于国地税合并的推进，我们的企业该如何面对与应对呢？下面小编分几个类型与大家分析。

1. 对企业的影响

征管手段只会越来越集中，越来越严格（见表3-9）。原来税种分属不同的税务机关，显然有时管理责任不一定到位，形成征管漏洞，同时还会存在征管争议，比如有些事项，到底是国税管还是地税管，协调方面会出现问题。

表3-9

事 项	描 述	备 注
全税种、全业务，单一对接	加大对纳税人的监管力度	办事效率可能提高了，但是管理深度与广度加强了
统一征收社保费	2019年起全面由税务机关征收	
执行口径趋严	多有地方是按国税的实施口径来给出地方政策理解	面临的挑战只能越来越多，比如原来地税认可的口径，现在可能不再认可
行政复议解决方式	向上级税务机关提出	地方政府[a]不再作为复议机关存在，地方政府对税务机关的影响减弱
稽查更全面	全税种的稽查，随着合并的深入，会日益发挥功能	
税收筹划的空间减少	原来一些地方的招商政策可能在新合并大浪中得不到有效的支撑	地方财政机关的影响力下降

a.《国务院机构改革方案》提出：改革国税地税征管体制。将省级和省级以下国税地税机构合并，具体承担所辖区域内各项税收、非税收入征管等职责。国税地税机构合并后，实行以国家税务总局为主与省（区、市）人民政府双重领导管理体制。

比如上海，之前虽然有国地税机构，却是同一批人马，这样合并的过程就减少了人员的问题。但国地税合并的影响将更加深远，比如人员的重新配置与分流，检查力度的加大，资源的充分使用，对于地方财政的影响等，这些可能都会慢慢体现出来。

2. 对个人的影响

国地税改革对个人的影响恐怕更加明显。下一步，随着《个人所得税法》的修订，对于个人信息的管理会进一步推进。比如对于个人取得各种形式的收入的范围管理，对于一个人取得数地工资薪金的管理，对于个人从海外取得收入的所得税监控，对于个人社保的缴纳管理，等等。

不过，目前金税三期的管理中，并未放开省份之间的个人收入的汇总管理。小编曾遇到一位律师，被税务机关要求就省内多地所得汇总计缴个税，显然这个数据在同一省份内是很容易查到的。

还有更可怕的是，未来银行的账户信息，超过一定的数额，也可能需要向税务机关提供，征管法草案中已有提及。关于这一点的信息保密问题及如何使用，我们确实需要及时跟进。

至于个人的股权转让之类的工商信息，有一些地方税务机关仍然未充分考虑营商环境的改善，仍将其列为工商变更的前置"审批"程序一样处理[1]。要求提供合同、付款单据，对于定价合理性甚至提出了超过规定的要求——要求提供评估报告，还有的税务

---

[1]《个人所得税法》(修改后)规定：个人转让股权变更登记的，市场主体登记机关应当查验与该股权交易相关的个人所得税的完税凭证。

机关，对于上几手中的股东之间的转让有没有计缴个税都要追究。应该说，在合并的进程中，因专业的交融，很可能形成国地税共同的"手段"来处理纳税人经办之事，所以纳税人必须有充分的心理准备与耐心。

我们的建议

相较于财务人员，国地税合并对创业者的影响可能不那么大。但是，随着《个人所得税法》的修订，遇到诸如申请发票和税务预警、税务检查的事项时，估计创业者就会体会到新的挑战了。因此，创业人，除了懂专业、懂商业，还需要在这一轮改革浪潮中，及时跟进，了解其中的变化过程，也知晓其中的变化原因，进一步找到解决的办法。

3.9
错(多)缴税如何申请退回

> **摘要**：现实当中，算错税的情况屡有发生，人员变动时也会有交接不到位的问题。有的税种是一次性缴纳，有的是周期性清算。我们要做到几个环节有力保障：计算时需要复核，缴纳时有授权核对（大多地区是自动转账但仍需要及时核对），定期进行数据加计核对等手段。

现实当中，小编也曾犯过错误。是什么错误呢？就是把税缴多了。大家知道，有时老板们关注每一分钱的支出，但是对数字并不敏感，看到财务或代账公司的报税数据，有时也看不大懂，同时由于具备三方缴税的关联功能，款项申报完就直接扣税了，老板们根本也找不到"签字"的机会！关键最可怕的是什么呢？

就是报完税了,没有人给老板汇报缴这么多税是不是对,最后扣款的数据是不是跟申报的数据一样。即使是小编这样的"专业人员",也需要经常翻一翻,才知道是不是对得上。

缴错税,主要是多缴的情形下,"知错就改",申请退回,这不是很正常吗?我们的征管法是如何保护纳税人的这项权利的呢?《税收征收管理法》规定:

纳税人超过应纳税额缴纳的税款,税务机关发现后应当立即退还;纳税人自结算缴纳税款之日起三年内发现的,可以向税务机关要求退还多缴的税款并加算银行同期存款利息,税务机关及时查实后应当立即退还;涉及从国库中退库的,依照法律、行政法规有关国库管理的规定退还。

可事实上,如果你指望税务机关发现你多缴了税款,那你是真的想多了。而纳税人呢,你觉得留了三年时间给你来发现问题,也确实够长了,如果不当回事,估计也无法达成你期待的结果;如果认真对待,或许只要三天就足够了。

但上面也表达了一点,就是若是税务机关来发现这个事儿,是不受时间限制的。问题是,这个事由谁来推动?如何做?不过呢,小编真遇到过超过年限,税务机关内部检查复核后退款的情形,这真的是遇到了为人民服务的好税官。

那么日常当中，会有哪些容易导致多缴的情形呢？

第一种比较常见的，就是汇算清缴清算年度中间预缴的所得税。小编曾遇到过，有的企业因为会计人员更换，把清算退税的事忘了，或者新的会计并不知道这个事，这也是正常的，以致有很多款项没有及时办理退回，结果还是在税务机关提醒后，老板才知道。但不知道的情形又有多少呢？

第二种是，正常业务下发生的增值税专用发票进项税额，会计人员没有及时抵扣，以致造成当月"多缴税款"，即使在360天内又重新得到了抵扣，也会占用资金。甚至最后真的是没有抵扣，这就很麻烦了。

第三种是，把免税事项当成应税事项计算税款。这次事项老板通常并不知晓，只有专业的财务人员才有能力做好。因此在这儿提示一句，当下所谓的代账软件是智能机器人、代账费用低到不行，有的老板就图几百元的成本节约，殊不知也有代价。真正用心、专业的服务，一定是物有所值的。

缴错税，结果显而易见——要争取退税。但前提是，谁来告诉老板这是错的呢？在未能发现的时候，可能大家认为这么缴税没问题。这才是问题的焦点所在。但是中小企业又不能花费很多的审计、复核成本去时时监控，此时老板们就需要关注同行业老板的操作,多聊聊企业税负水平以及此方面的方式与技巧等。小编认为,这也是"知彼知己"的一个方面。

我们的建议

老板对于自己公司的税负支出情况要有所了解,并且有相应的敏感性。如果可以的话,做适当的复核,可以自己做,或请有能力的朋友来协助复核一下,就更好了。

但是小编在日常当中也遇到过这样的事:某老板找了一个代理记账会计,这个会计呢,平时按小规模纳税人给计算缴纳税款,忽然有一天,老板对代理记账人非常不满,说是问了同行了,人家一分钱税款都不缴纳,我每个月缴纳好几千,水平不行啊,还让我花服务费用!有的业务人员不懂法,平时税一多点儿,就想着买假票、不入账的事,这种经验,小编建议就不宜"取经借鉴"了。

可能大家也听说有的商业成功人士也有"原罪"的问题,但是事过境迁,随着我国法制化的完善与发展,民众的意识也在改变,小编给的意见是两个字:谨慎。正当的筹划手段有很多,何苦非要动歪脑筋呢?

PART 4

老板容易忽略的税务合规问题

4.1 社保基数的问题

> **摘要**：社保费和住房公积金中由公司承担的部分,通常会占到工资的 40% 左右,这笔巨额的开支,往往是老板们最想规避的支出项,现实当中方法很多。随着税务机关征收社保费的推开,这一征纳矛盾即将从过去的"灰色地带"转为"爆发地带"。

社会保险与住房公积金的支出,对于经营企业来讲,是很大的成本开支。通常对于公积金,自己买房租房时可以及时使用,也有明确金额,大家还是理解的;但是社保支出未来取得多少,并没有绑定关系,这都可能就导致企业、员工不想缴纳。应该说,很多创业或初期经营的企业,甚至一些上市公司的子公司,多存在未足额缴纳社保及住房公积金的问题,过着"有检查'我沟通',

不来检查'我幸运'"的日子。而且从社保部门的检查来看，毕竟样本有限，有举报的，有罚款的。每年抽样委托中介机构审计，在老板眼中，抽到算是"倒霉"的。虽有一些事务所的协助审核，也是人情常在，"勾兑"的情形时有发生。

之前，所有的检查是社保部门自己复核数据发现问题，再到企业进行检查，但是现在，问题来了，这是一个"撒手锏"，有可能一下子就将部分企业逼入无奈境地——税务机关从2019年开始将在全国负责征收社保费。这马上会引发一个问题：只要有人愿意比对缴税下的工资与社保缴纳基数，不用查就可以发现问题了。毕竟税的刚性、法律责任远大于社保，且具有普遍性，因此以税的数据为基准参照，破解了原来一些企业利用税务机关与社保部门间信息不对称而不缴与少缴的核心症结。即使之前各地有一些税务机关代征的操作，也仅仅是代征，并没有管理职责。

2018年3月1日，中共中央印发《深化党和国家机构改革方案》，提出改革国地税征管体制：

（四十六）改革国税地税征管体制。为降低征纳成本，理顺职责关系，提高征管效率，为纳税人提供更加优质高效便利服务，将省级和省级以下国税地税机构合并，具体承担所辖区域内各项税收、非税收入征管等职责。**为提高社会保险资金征管效率，将**

基本养老保险费、基本医疗保险费、失业保险费等各项社会保险费交由税务部门统一征收。 国税地税机构合并后，实行以国家税务总局为主与省（自治区、直辖市）政府双重领导管理体制。国家税务总局要会同省级党委和政府加强税务系统党的领导，做好党的建设、思想政治建设和干部队伍建设工作，优化各层级税务组织体系和征管职责，按照"瘦身"与"健身"相结合原则，完善结构布局和力量配置，构建优化高效统一的税收征管体系。

首先普及一下，社保费用的基数是如何确定的。虽然我们平时的工资发放是按标准缴纳社保费用的，但是这样真缴够了吗？

《社会保险法》规定（见表4-1）：

表4-1

事项	基数
基本养老	用人单位应当按照国家规定的本单位职工工资总额的比例缴纳基本养老保险费，计入基本养老保险统筹基金
工伤保险	用人单位应当按照本单位职工工资总额，根据社会保险经办机构确定的费率缴纳工伤保险费
基本医疗[a]	基本医疗保险费由用人单位和职工共同缴纳。用人单位缴费率应控制在职工工资总额的6%左右，职工缴费率一般为本人工资收入的2%。随着经济发展，用人单位和职工缴费率可作相应调整

a.《国务院关于建立城镇职工基本医疗保险制度的决定》(国务院令第四十四号)。

至于什么是工资总额，这一点也是有据可查的。《关于工资总额组成的规定》（国家统计局令第1号文件发布）规定：

第四条 工资总额由下列六个部分组成：（一）计时工资；（二）计件工资；（三）奖金；（四）津贴和补贴；（五）加班加点工资；（六）特殊情况下支付的工资。

第十一条 下列各项不列入工资总额的范围：（一）根据国务院发布的有关规定颁发的发明创造奖、自然科学奖、科学技术进步奖和支付的合理化建议和技术改进奖以及支付给运动员、教练员的奖金；（二）有关劳动保险和职工福利方面的各项费用；（三）有关离休、退休、退职人员待遇的各项支出；（四）劳动保护的各项支出；（五）稿费、讲课费及其他专门工作报酬；（六）出差伙食补助费、误餐补助、调动工作的旅费和安家费；（七）对自带工具、牲畜来企业工作职工所支付的工具、牲畜等的补偿费用；（八）实行租赁经营单位的承租人的风险性补偿收入；（九）对购买本企业股票和债券的职工所支付的股息（包括股金分红）和利息；（十）劳动合同制职工解除劳动合同时由企业支付的医疗补助费、生活补助费等；（十一）因录用临时工而在工资以外向提供劳动力单位支付的手续费或管理费；（十二）支付给家庭工人的加工费和按加工订货办法支付给承包单位的发包费用；（十三）支付给参加企业劳动的在校学生的补贴；（十四）计划生育独生子女补贴。

比如有的单位发放的一次性奖金并没有纳入计算社保费的工资总额中，从而出现少缴的情形。当然也有的单位是多缴避税，比如为高管照着当地的最高级数计缴，特别是住房公积金，实际工资总额没有达到那么多，目前各地也有清理的情形。

应该说，不缴或少缴的情形，正面临被"起底"的风险。有的企业大量使用派遣工，减少直接雇佣人员，这种方式或许可行，但也是有代价的，没有自己人，企业如何做成功呢？而且作为上市公司的前身，也是要有合法合规的正常人员数量才是。

我们的建议

社保费用的支出，结合合理的商业与地区间差异的安排，有一定的节约空间，而且很多方式也在被使用。主要有如下方式：

一是"空间转移法"。比如北京的企业，通过在异地设立子公司，比如深圳、天津等，这些地方有费率低于北京且有成熟的社保体系，企业仍在北京招聘人员，但是雇佣合同约定的工作地点是在异地（如深圳），再通过采购服务将人员工作采购回来。在这种情形下，如果人员居住地就是在深圳，还好处理。但是，目前很多城市的买房与买车等资格与社保、个税挂钩，此时必须考虑在北京有相应的社保才可以。因此，这种方案也会受到一定的影响。

二是"代发工资法"。这种方法是采用一些人力资源公司在异地代发工资，在异地计缴税款的处理，有一定的风险，但有一个基本原则是对的：一个人不需要缴纳两份社保，在全国（理论上）只应有一个社保登记号，这种情形，更多是面临个税的挑战。但是，我们其实还是有办法完美处理的。

三是最近政府也在推动降低社保费及住房公积金等的企业成本支出，不因改变社保费征收机关而进行大范围追缴，强化征收措施，缓解企业成本费用大幅增加的压力。

附：

住房城乡建设部 财政部 人民银行关于改进住房公积金缴存机制进一步降低企业成本的通知

（建金〔2018〕45号）

一、延长阶段性适当降低企业住房公积金缴存比例政策的期限

各地区2016年出台的阶段性适当降低企业住房公积金缴存比例政策到期后，继续延长执行期至2020年4月30日。各地区要对政策实施效果进行评估，并可结合当地实际进一步降低企业住

房公积金缴存比例。

二、切实规范住房公积金缴存基数上限

缴存住房公积金的月工资基数，不得高于职工工作地所在设区城市统计部门公布的上一年度职工月平均工资的3倍。凡超过3倍的，一律予以规范调整。

三、扩大住房公积金缴存比例浮动区间

住房公积金缴存比例下限为5%，上限由各地区按照《住房公积金管理条例》规定的程序确定，最高不得超过12%。缴存单位可在5%至当地规定的上限区间内，自主确定住房公积金缴存比例。

4.2 少缴了员工社保怎么办

> **摘要**：从小编的观察来看，少缴甚至不缴社保的情形仍比较普遍，很多人担心税务机关征收将大幅增加运营成本。这里有两种因素：一是公司统筹缴纳社保费与退休待遇没有直接的利益关联，部分人员自愿不缴纳；二是企业考虑到运营成本，不予缴纳。

2019年起，税务机关将全面负责征收社保费（不含住房公积金），引起老板关注的是，原来一直为员工按最低标准或低于发放的工资薪金的基数计缴的社保费，面临着由一家管的问题，这时只要稍做比较，就很容易发现少缴的问题。大家也知道，我国社保费缺口仍有发生，因此社保费的征收工作必须进一步加强。

当下，我们可能正在申报有效期延续到明年的基数，如何报？小编曾接触到从事人力资源工作的朋友，其介绍说："社保部门关注的往往是这样的企业：所有人员基本上都是按最低基数申报的社保，这种情形是有问题的。但是社保部门每年的检查是有样本概率的，并不是所有的企业都会检查。如果由税务部门征收，信息由税务部门全掌握，企业若有问题，就很难不被发现了！"

但是，税务机关接管征收之后，会不会向前追溯呢？这种情形发生的概率并不大，因为毕竟之前是社保部门管理的，这相当于"越权"了，通常也不会去动的。但是不是说2019年起税务部门就动真格的呢？各地的进展并不相同，但有的地方估计会观察与提醒一下。其中我们关注到社保费早已由地税机关征收的广东省，《社会保险费征缴办法》规定：

第六条 缴费个人按本人当月申报个人所得税的工资、薪金计算缴纳社会保险费，缴费单位按所属缴费个人当月申报个人所得税工资、薪金的总额计算缴纳社会保险费。

第七条 社会保险费由工资、薪金所得人及其所在单位（含个体户）按有关规定分别负担。

第八条 缴费单位履行代扣代缴社会保险费义务。

缴费单位在依法履行代扣代缴社会保险费义务时，缴费个人不得拒绝。缴费个人拒绝的，缴费单位应当及时报告地方税务机关处理。

无论如何，未来已改变，但当下是不是马上就改也不一定。因为社保的基数是以上一年工资薪金为统计基数的，与当年发放的不相关，所以呢，这中间的发放时间，也会存在一些调整的可能。

有一种情形，由于社保费与个人的利益关联度并不强，如果是个人自愿放弃社保，对单位有何影响呢？小编查到各地屡有此类的判例，其中浙江高院的一个判例比较有代表性。《王嘉会与浙江莱蒙童鞋有限公司劳动争议申诉、申请民事裁定书》（〔2016〕浙民申1780号）给出的审判结果是这样的：

鉴于申请人自愿签署《自愿放弃社保申明书》，且事实上已经通过领取工资报酬获得了莱蒙公司本应缴纳的保险费，由此，原审在判决莱蒙公司依法补缴2013年3月19日至2015年1月26日期间的社会保险的同时，判令申请人返还被申请人在该期间根据社会保险机构核定应当支付的社会保险补贴，及驳回其要求支付经济补偿金的诉请，并无不当。

否则有可能导致劳动者一方面要求将社会保险费用计入工资发放，另一方面又主张补缴保险费并支付经济补偿金的道德风险。

4.2 少缴了员工社保怎么办

申请人虽主张该《自愿放弃社保申明书》并非自愿签订，因其未提供相应的证据，该院不予采纳并无不当。

有一个问题，小编提示一下，社保费的追缴是否存在时效的问题，这一点，我们在遇到实际情况时，必须提前了解法院的执行口径。

2019年之后，足额缴纳社保费一定会成为对运营成本影响巨大的增加项，我们需要及时关注，了解税务机关的征收实施方式，从而及时作出统筹安排。

同时，企业还要充分考虑与员工之间的约定处理，如果存在缴纳得不完整、不合法的问题，那员工是不是会提出异议，就要看具体的应对了。

我们的建议

一方面，缴纳得不完整，可能会受到监控与加收滞纳金、受到处罚的问题；另一方面，也可能因为员工并不愿意多缴纳，而被动地产生一些风险。小编建议企业进一步关注2019年各地税务机关的具体实施办法。目前，国务院及各级行政部门以稳定为主，重在转移，不作追缴清理。同时，在推进社保降费率的工作。但即使降了费率，对一些企业来讲，合规缴纳可能仍会显著增加成本。

4.3
公司收入被存入老板个人账户，税务局是怎么发现的

> **摘要**：这是有着丰富税务稽查经验的吴涛老师带来的一则小故事，通过人物角色的粉墨登场，给我们带来不一样的阅读体验。个人账户收公司的款，违规责任有多大？税务机关会如何检查？有哪些信息手段会被发现？估计创业人会想到、会遇到类似情形，如何把握底线呢？文中的名称均为虚构，如有雷同，纯属巧合。

2018年4月的一天傍晚，黄浦江边一幢气派的办公楼内，一位中年男子微闭双眼、半坐半躺在老板椅上，享受着落日余晖。他就是东辉电子股份有限公司的实际控制人、法定代表人李辉耀。

4.3 公司收入被存入老板个人账户，税务局是怎么发现的

回想十余年来的创业经历，李辉耀嘴边露出了得意的微笑。公司从事激光及光机电一体化设备、计算机软件及辅助设备、电子元器件及组件的研发等经营业务，市场竞争小，客户稳定，利润高，这几年收入颇丰，顺风顺水。

一阵急促的敲门声，打断了李辉耀的思路。

李辉耀一脸的不悦，但看到一向老成持重的财务总监董丽珠神情紧张地站在面前，他知道遇到了麻烦。

"李总，这几天来检查的国税人员，向我出示了您在工商银行和兴业银行开立的个人账户明细资料复印件，要求您解释资金来源。"董丽珠小心翼翼地说道。

李辉耀如触电般从老板椅上跃起，吼道："税务局有什么权力查我的个人账户！这是侵犯个人隐私，是违法的！我可以告他们！"

一个月后的傍晚，落日余晖又一次穿过落地窗，李辉耀却再无闲情欣赏。

神情沮丧、一脸疲惫的李辉耀，正在听董丽珠汇报税务检查结果。

国税稽查局发现李辉耀个人账户用于收取客户汇入的款项

共计 4 197 447.08 元（不含税金额 3 587 561.61 元[1]），其中 1 368 229.53 元已经确认了收入纳税，其余 2 219 332.08 元应补缴增值税 377 286.46 元和应补缴计算后的企业所得税 101 515.75 元，罚款 239 401.11 元。

"税务局有权调查我的个人账户吗？税务局怎么会知道我个人账户存有公司收入的，难道公司出了内鬼？"

李光耀像是自言自语，又像是在问董丽珠。

董丽珠呆坐在沙发上，无言以对。

一些老板将公司经营收入存入自己的个人储蓄账户，以为这样就能神不知鬼不觉地偷税。这种做法是有涉税风险的。

1. 税务局有权调查老板的个人储蓄账户

根据《税收征管法》第五十四条的规定，税务局通过调查老板、财务负责人等涉税违法案件有关人员的储蓄账户数量、资金往来情况等，能够发现隐匿转移公司经营收入等违法问题。例如，据创四方于 2017 年 8 月 4 日发布《创四方：关于收到行政处罚决定书的公告（补发）》公告，北京市通州区国家税务局稽查局在对

---

[1] 此处税率为 17%，从 2018 年 5 月 1 日起，17% 的税率调整为 16%。

北京创四方电子股份有限公司实施检查时，从调查老板李元兵的个人储蓄账户入手，发现了公司隐匿收入偷税的问题。

2．税务局通过金融机构监管报告获取线索

为了加强对人民币支付交易的监督管理，防范利用银行支付结算进行各类违法犯罪活动，金融机构对个人的大额交易和可疑交易进行监管，发现可疑线索，向税务局等部门移交。例如，2017年6月，四川省眉山市某商业银行发现，黄某开设的个人结算账户在2015年5月1日至2017年5月1日期间共发生交易1 904笔，累计金额高达12.28亿元。商业银行向市人民银行反洗钱中心提交了有关黄某的重点可疑交易报告。市人民银行通过情报交换平台向眉山市地税局传递了这份报告。地税局查出黄某2015年从其控股的某公司取得股息、红利所得2亿元，未缴纳个人所得税4 000万元。

3．税务局通过CRS涉税信息跨境交换获取线索

CRS是什么？可能有的老板很懵！通俗讲：就是中国和其他国家（地区）交换中国公民在境外财产信息的一种手段。老板在海外的资产实时出现在中国税务局的数据库里面。例如，2017年，广东省东莞市地税局通过跨境情报交换，获取某大型跨国集团企业有关境外工资支付及经营情况的信息，追缴108名境外人员个人所得税3 608万元，这是广东省最大的一笔通过对外专项情报交换补征的税款。

4.老板有被追究刑事责任的风险

将公司经营收入存入老板的个人储蓄账户,这是一种偷税行为,可能会被税务局认定老板涉嫌犯罪,移送司法机关追究刑事责任。例如,依照《湖北省武汉经开区人民法院刑事判决书》,京通精修(武汉)汽车服务有限公司的老板黄祥耀指使会计将公司经营收入存入个人储蓄账户,偷税18.83万元。税务局发现后移送司法机关。2018年,武汉经济技术开发区人民法院判决黄祥耀犯逃税罪,判处有期徒刑三年,缓刑五年,并处罚金人民币20万元。

我们的建议

个人账户收款,囿于税务机关的权限,对这一问题很难普遍性地开展涉税管理。但是大家知道,一些国家的税务机关对于纳税人银行信息的获取是自动、有效的,而且深入地影响着纳税人的日常结算行为。比如瑞士等一些金融中心,过去倾向于为客户保密信息,随着全球反避税的推进,渐渐地也不再坚持信息的绝对保密了。个人账户的收款,也是源于其他人的付款来完成的,要完全做到账外独立运营很难。所以对于私营业主来讲,检查个人账户很有可能成为涉税检查的一个利器。有可能修订征管法后,银行储户信息会向税务机关开放有效端口或提供数据,这种利用个人账户实施的简单逃税手段,必将受到打压。

4.3 公司收入被存入老板个人账户，税务局是怎么发现的

附：法规依据

1．《中华人民共和国税收征收管理办法》

第五十四条 （六） 经县以上税务局（分局）局长批准，税务机关有权凭全国统一格式的检查存款账户许可证明，查询从事生产、经营的纳税人、扣缴义务人在银行或者其他金融机构的存款账户。税务机关在调查税收违法案件时，经设区的市、自治州以上税务局（分局）局长批准，可以查询案件涉嫌人员的储蓄存款。税务机关查询所获得的资料，不得用于税收以外的用途。

2．《中华人民共和国税收征收管理办法》

第六十三条 纳税人伪造、变造、隐匿、擅自销毁账簿、记账凭证，或者在账簿上多列支出或者不列、少列收入，或者经税务机关通知申报而拒不申报或者进行虚假的纳税申报，不缴或者少缴应纳税款的，是偷税。对纳税人偷税的，由税务机关追缴其不缴或者少缴的税款、滞纳金，并处不缴或者少缴的税款百分之五十以上五倍以下的罚款；构成犯罪的，依法追究刑事责任。

3．《金融机构大额交易和可疑交易报告管理办法》

第五条 金融机构应当报告下列大额交易：

（一）当日单笔或者累计交易人民币5万元以上（含5万元）、外币等值1万美元以上（含1万美元）的现金缴存、现金支取、现金结售汇、现钞兑换、现金汇款、现金票据解付及其他形式的现金收支。

（二）非自然人客户银行账户与其他的银行账户发生当日单笔或者累计交易人民币200万元以上（含200万元）、外币等值20万美元以上（含20万美元）的款项划转。

（三）自然人客户银行账户与其他的银行账户发生当日单笔或者累计交易人民币50万元以上（含50万元）、外币等值10万美元以上（含10万美元）的境内款项划转。

（四）自然人客户银行账户与其他的银行账户发生当日单笔或者累计交易人民币20万元以上（含20万元）、外币等值1万美元以上（含1万美元）的跨境款项划转。

累计交易金额以客户为单位，按资金收入或者支出单边累计计算并报告。中国人民银行另有规定的除外。

中国人民银行根据需要可以调整本条第一款规定的大额交易报告标准。

4.4
老板个人掏腰包为员工发放工资有何风险

> **摘要**：小编经常遇到，逢年过节，有一些老板自掏腰包在微信群中给员工发"红包"，此时多认为是个人之间的行为，公司也不需要记账，员工也不需要计入"工资薪金"所得算个税。但是，如果老板支付的是员工的工薪收入，则相当于老板给钱企业，企业支付工资，不再视为是个人之间的赠予。现实当中，我们需要结合会计记账、个税申报、社保、股东存折流水等，整体查阅评估各个环节的处理是否恰当到位。

某企业老板，出于种种原因，有时会用自己的钱来发放员工工资。有如下几种情形：

一是企业没有钱，股东当时是认缴出资，挣的钱效率不高，此时就在需要时由股东借款进来，企业挂往来账，工资薪金仍是企业的工资薪金支出成本费用，这种情形是正常的。此时员工的个税或社保正常计缴即可。

二是企业规避个税，老板有一部分钱直接给员工发放工资薪金，相当于私下直接转个人存折处理了。此部分因为相当于是发放员工的劳动所得，计算个税是必然的，只是没有体现在企业的账面上，一经发现，只能补缴税款、补缴社保与公积金，当然也可以处罚的。

三是有一些老板聪明，用自己的钱发工资，让企业的"业绩"很好看，但这无论是上市，还是引入战略投资者，都会因存在不真实的经营现实而经不起检查，面临很大的"欺诈"风险。

无论如何，工资属性是改不了的，股东如何处理用于发放工资的资金，更是一个很常见的问题。

如果没有与企业的雇佣关系，并且不是因为计量雇佣劳动而发生支出，而是个人之间的款项相赠，则不需要计为受赠人的个人应税所得，这一点，跟我们彼此之间的"红包"、结婚礼金很相似。

一个交易的前提是因为支付有条件，所以我们需要谨慎地处

4.4 老板个人掏腰包为员工发放工资有何风险

理看似很正常的事。

小编的一位同学,目前以财务总监身份就职于某拟上市企业中,有一次告诉小编:"我们公司的券商,要求我们的老板提供个人存折的流水单据,关键是其中有近 1 000 万元是老板为员工发放的工资,这让我这个财务总监如何办啊?"小编只能说,这种情形,造假就没有必要了,看看业绩是不是够标准,同时作个老板垫资处理。据了解,这个企业还不错,已将老板给的钱计缴了个税,但社保并没有合并基数计缴。

老板个人向员工批量性支付的行为,比如偶有股东向自己的亲戚支付一些款项,似乎很难区分是亲情之赠还是工资发放。但如果是想规避一些个税或社保费支出的成本,这个方法就太"直接"了,还有更好的方法可以采用,本书就会给出解决方案。

我们的建议

老板为员工发工资,虽然是"义举",感觉上是公司得利益了,并不是坏事,但这明显不是公司经营的真实情形,同时还可能遗漏个税与社保支付。因此,我们需要及时厘清款项的来源及性质,是股东借款给公司,还是投资给公司,还是仅仅为员工与老板私人间的礼尚往来,对于不同的情形,有不同的处理方式。

4.5

老板如何报销费用

> **摘要**：老板与员工报销费用有何区别？老板报销，一是自由度大，二是单据往往不完整，有时"白条"一张就入账，财务人员也不好多问，而且多数情形下还是代理记账。甚至有发票不匹配、个人消费与单位消费支出根本无法分清的情况，这也是老板报销的一个特点。对于税务人员来讲，主要是关注有没有不真实的费用，有没有不该抵的进项税额发票！

一般来讲，老板报销费用，因公还是因私确实难以明确区分。小编曾经遇到这样一件事：

某股东老板准备报销车辆年检费，主管会计很坚持原则，说："公司没有车，如何有年检费列支，不对啊！"如果是一家管理很

4.5 老板如何报销费用

完善的公司，对不相关的费用有严格的利益界限。但是对于一个小公司，基本上没有主管的限制。此时，小编给的建议是，可以报销，但要告诉老板：

一是，这个费用属于老板个人的费用，属于个人所得，有个税问题；

二是，企业所得税，由于不属于与生产经营相关，也难举证，就不要做税前扣除了。

从上面的分析来看，理解上公司的财产与个人的财产是分离的，但有时的确难以划分彼此费用的界限，对于个人的行为，有时或多或少地会影响到公司。如果不涉及其他股东、债权人利益，也没有违背法律法规的地方，那就看税上的规则判断与处理了。对于上市公司，可能我们平时认为会是完全合规的，其实上市公司如果再用报销费用的方式，就太"低档次"了，他们的办法有很多，比如高溢价购买古董、拍电影或宣传片、关联交易等，公众投资购买股票的钱，往往就这样被"转移"了。

再来说说报销费用中发票的事。如果单单是报销普通发票，最多补补个税、企业所得税前不让扣除就可以了。但是，如果是动了增值税专用发票的抵扣，到了一定的额度，成了一个连锁案件的时候，此时的风险就不单是钱的问题了，还会有刑事责任。因此，非常诚恳地劝告创业人，如果是真实的业务，且有业务相关性的，可以报专用发票，抵税，但必须没有虚开情形。如果没有业务，就是"买票"或利用别人不用的票报销，此时就要特别谨慎小心了。

报销费用时，财务人员要对形式要件进行复核，而创业人要对"真实""相关"有所理解，甚至你拿"白条"报销，也不会落到虚开的罪名中去。同时，对于高管报销的费用，更要严格要求，不要为了一点抵扣出卖了自己的底线。当然，有很多方式是可以为高管减少税负的，此时就需要我们用好财税的优惠政策、地方政策，结合企业的经营发展来筹划了。

通常意义上看，如果单从税的角度，报销费用无非涉及两个问题：一是对个人所得计征个人所得税；二是不能在企业所得税税前扣除。为了规避这两个问题，可能企业总是解释这是公司发生的费用，其实说实话，有时真是无法区分的。比如用餐，到底是个人单独吃的还是为公司业务吃的，很难确定。而比较明显的比如报销婴儿用品，这就基本上属于不相关的支出了。在现实当中，这种深入检查并不能普遍有效地开展。

我们的建议

如果你认为报销可以自由发挥，这就大错特错了。为什么呢？

4.5 老板如何报销费用

因为增值税专用发票。如果个人取得的专用发票是"虚开"而来的，很有可能为公司及个人带来刑事责任的风险，这是商业人士必须规避的"红线"。有的公司基于抵扣之需和利益最大化的考虑，竟然还让员工在报销个人费用的时候一定要取得专用发票，这是错上加错。宁肯多花一点钱，也不要在这一点上产生风险，有多少商业名人因此断送前程，这一点切不可含糊。

在报销费用的时候，如果是真实的业务，就不要害怕取得专用发票，但是形式要件要充分掌握，填开一定要规范，这样也会给财务人员带来便利。

4.6
"两套账"有其阳光一面，也有其"阴暗"一面

> **摘要**：一说起"两套账"，多有贬义之感，但是如果从管理会计的角度来说，就颇具科学性了。老板们要充分理解报表与自己心中"账本"的差异。但是在进行税务处理时，却不能说我们是有两套账的，因为税上的规则就应是一套账。

大家一说起来"两套账"，似乎总有"不守法"的感觉。小编之前就职于台湾地区某公司的内审部门，人家财务人员是明确划分为"内账"与"外账"两拨人的，但有偷逃税款吗？还真没有。原因究竟为何呢？

4.6 "两套账"有其阳光一面,也有其"阴暗"一面

好多学过会计的人这几年慢慢不会做账了,为什么?因为我们国家会计核算与国际接轨,要靠更多的主观判断,更为复杂的理解,小编作为有多年从业经验的科班生,现在基本上只能用"回忆中的方法"进行记账,新的核算准则的调整,采用了与老板们的算账办法不一样的"规则"。比如,大家熟悉的小米公司在香港上市的披露报表,2017年小米可转换可赎回优先股公允价值变动达540亿元,被计入了成本,这才导致小米2017年全年亏损439亿元。这其实是一个会计核算的数据,并非真正的成本,但若只凭这样的报表,你看小米还有投资价值吗?就连这个领域的会计专家,一时半会儿也解释不清楚,如何让外行人明白?而大众了解到的小米的价值,更多的是感官认识上的价值。

但是对于真实的算账结果,老板可能更关注真实的销售量、收款、成本、费用,这是当前的结果,所以很多公司其实在核算内外账时,存在管理角度的差异,会做一些会计数据的调整。会计有管理会计与核算会计之分,其中管理会计更多是为决策服务的,其根本是为企业经营的切实数据而考虑的。当然,如果这个公司上市了,其会计数据还是有"筹划"价值的,所谓"外账"真是需要"内功"的。

还有一种是"赤裸裸"的账外收入,直接入在个人存折里或是现金收款不记入企业核算的账务,这是明显的偷逃税款,也就

是税务人员通常所称的"两套账"的问题。但是税务人员可能并不知道企业有核算上的管理两套账。我们要特别注意，不要直接用这样的名词与税务机关进行交流，以免引起误解。

我们的建议

一定程度上讲，报表是为资本市场服务的，而作为一家中小企业，报表本身并不能代表其真正的价值，也不能掩饰其巨大的经营风险。老板需要以资金流为核心、以成本控制为导向进行相关财务决策，同时对融资、销售两头多加关注。比如，很有"看头"的乐视，如果没有融资估计发展不到这样的水平，只是过于偏重融资反而失去了方向；同样对于美团也是，没有融资更是无法发展至今。

4.7 合同签订中的税务影响因素

> **摘要：** 很多涉税事项的起因，就是来自合同，合同一方面会影响到商务利益，可以减少经济纠纷，另一方面也决定着对税务处理合规性的判断，很多涉税争议的出现，就是从合同延伸而来的。特别是在营改增之后，发票作为一个重要事项，更是合同中须事前明确的要素。

合同，是基于《合同法》保护与规则之下，交易双方或多方起草的基于主观同意所达成的协议，该协议具有相应的法律效力，这是很多人对于合同的"专业"理解。但当下，不得不说，主观同意所达成的协议，一定意义上主导着如何计税算税，是不是存在虚开发票的可能，出现税务查补税款或争议之后如何承担的问题。下面,我们分五个方面与大家分享。

1. 纯涉税因素的考虑

2016年5月1日全面推开营改增之后,大家对于增值税税率(征收率)、发票类型开始重视起来,以致小编看到很多微信订阅号推送这样的信息:

销售方应开具增值税专用发票,税率(征收率)是____。

这儿是锁定为抵扣保障之用的,因为我们国家的增值税税率是一般纳税人适用的,有16%、10%和6%三种,小规模纳税人只能按照特定适用情形适用3%或5%的征收率,不能宁愿多交税按前三种计税并开具发票。但对于特定的业务,一般纳税人是要或可以选择按后面两种计税并开具发票的,为了减少发票开具方面的争议,首先要明确是开具专用发票,再明确开具的税率是多少。但是如果明确是不作抵扣之用,则只开具增值税普通发票即可。

同时还要明确何时开具的问题。通常我们要求是先开具再报销给钱,这比较适用于商业交易的结算方式。这里的重点是保征付了钱就要有税款抵扣同步实现,是出于这个考虑。

还有一种是基于合同印花税的考虑。依照国家税务总局营改增政策宣读时的解释,印花税是以购销金额为基础计税,而增值税是价外税,因此如果在合同中分开不含税金额是多少的话,则增值税额不作为计算缴纳印花税的基数,这或许有一点儿节约。

再完善一点,如果最终无法开具约定的发票,相关方要承担相应的经济赔偿责任,这也是防范于未然的一招。

2. 关于收购企业查补税款责任的问题

这种情形往往发生在企业股权收购时,因为了解一个企业,即使尽职调查做得再完美,也难免有所疏漏。于此,多有企业在与原股东发生收购之时,要求在合同中注明如下相关的内容:

基于双方收购业务完成之前(　　年　月　日)发生的查补税款、滞纳金、罚款等事项,由转让方股东承担!

但是这儿要特别注意,因为对方补偿款入账后,往往计入收入,按照所得税的规则,被认为是受赠所得,需要计缴所得税,如果所得税税率是25%,上述发生的支出计算为100万元,则需要按100/(1−25%)=133.33(万元)补偿,这才够税后的净额。

类似的情形是增资,只是增资时,原股东仍保留在延续的公司中,此时合同可以一样签订,但是在税的处理上就不同了。如果是原来的股东承担的税款,直接核算到被投资公司的利润表中,与上面的计算方式是一样的,即反算补偿金额;但如果是记入净资产的"资本公积"科目,此时却认为是股东的投资事项,相当于追加投资,并不征收此项赠款的所得税,这就是税上的技术规则了。[1]

3. 关于"包税"条款的执行问题

很多时候,作为个人股东转让股权,或者提供劳务时,会跟对方谈税后净价,至于对方是不是缴税却不关注,以为只要合同约定清楚了即可。其实这里面的风险仍然非常大,我们分析如下(见表4-2):

表4-2

关注事项	说 明	备 注
包税合同是否违法	包税合同被认定为是经济利益的承担,不代表转移纳税人身份,包税并不改变纳税秩序,其本身是受法律保护的利益约定	包税更普遍的是在境外单位与境内单位签订的合同协议中出现的,境内方往往是税款承担方,但税单上仍体现境外单位为纳税人

---

[1]《国家税务总局关于企业所得税应纳税所得额若干问题的公告》(国家税务总局公告2014年第29号)规定:"二、企业接收股东划入资产的企业所得税处理:(一)企业接收股东划入资产(包括股东赠予资产、上市公司在股权分置改革过程中接收原非流通股股东和新非流通股股东赠予的资产、股东放弃本企业的股权,下同),凡合同、协议约定作为资本金(包括资本公积)且在会计上已做实际处理的,不计入企业的收入总额,企业应按公允价值确定该项资产的计税基础。(二)企业接收股东划入资产,凡作为收入处理的,应按公允价值计入收入总额,计算缴纳企业所得税,同时按公允价值确定该项资产的计税基础。"

续表

关注事项	说 明	备 注
企业之间包税	其实就是交易价款	
企业与个人之间包税	此时情形很多样，企业往往有代扣代缴的法定义务，所以税款自然是扣缴义务人去代缴纳，只是有时并不一定真的缴纳	此时建议个人在合同中约定
个人与个人之间包税	这种情形也有发生，内容说明同上	同上

在大量收购个人股权的过程中，个人所得税的扣缴义务人是法定的，如果未扣缴或扣缴未缴纳，就存在被罚款或补缴税款与滞纳金的问题。但是如果未扣缴，此时税务机关是向转让人追缴税款，可以对扣缴义务人处以 0.5~3 倍的罚款。现实当中，税务机关往往连税款一并追征了。只是依照征管法规规定，超过五年的不能再罚款了。

但是对于转让方来讲，其关心的应是取得转让所得的合法性问题，比如资金要转移到境外，有没有合法凭据也算一个关键因素。现实当中，我们可以考虑：

一是，如果转让人怕对方不给"包税"缴税，可以在合同中约定经济责任，同时在办理程序上也可以要求先缴纳税款再办理变更登记。

二是，如果扣缴方无法有效扣缴，比如对于以非货币性资产（含股权）出资，是可以分五年进行计税的，扣缴义务人的法定义务就无法实施了，因为转让方个人要去被转让企业所在地税务机关办理才可以。于此，对于接受方来讲，最担心的仍是扣缴义务是不是完成了。小编关注到，有的合同条款中有这样的约定表述：

转让方需要在办理完税务申报手续后，接受方予以办理相应的登记手续，同时转让方需要提供相应的凭据原件查阅与复印件签字版本给接受方备存。因未来转让方无法缴纳个税的法律责任由转让方自行承担。

其实这在一定程度上限制了"扣缴义务人"的义务履行，所以在国家税务总局的文件中也特别明确了由双主体来实施，但是为了防范风险，扣缴义务人无论承担税款还是不承担税款，都需要考虑防范扣缴义务风险。

在包税合同中还有一个问题。比如小编遇到的一个诉讼案例，提到的是包所有"费用"，结果产生了争议：费用是不是包括税款？最后判了税仍由纳税人自行承担，至于对方的扣缴义务责任如何处理则是后话，因为纳税出问题，税务机关首先是找纳税人。

4. 防范虚开发票的风险

这儿首先要明确业务的交易双方是谁，同时要求发票的开具、款项的结算也要与之相对应。比如跟个体老板签订的合同，由于其名下可能设立有多家公司，在做完业务之后，可能通过另外一家公司进行款项结算并开具发票，这种情形是万万不可以接受的。

但有一种情形，比如集团公司或总公司与企业签订了一个框架协议，此时约定是企业跟其各个公司发生业务时，独立结算开具发票，只要此时在合同中有所提及，并且业务完成交付也是与各个企业进行的，这种情形是可以接受的，因为框架协议只是表明了业务的预期与影响的范围。

5. 减少误导的风险

目前，有较多的经销商开展的是提供介绍、代理服务的业务，比如医药行业的经销商，此时双方签订的协议，应是代理服务协议或商务服务协议，因为受制于医药行业"二票制"的影响，这些中间商多数只能开具服务费用发票。但有时，若双方签订的是代销协议，则很容易误导税务人员将之视作销售的一种方式，这种误导很容易将服务转化为销售商品，这就很"可怕"了。

目前还有一种情形，就是增值税的多税率问题。如果一个合同中涉及多项业务，比如销售不同税率货物、提供服务等，在分不清的情形下，只能从高适用税率计算增值税，这是自己给自己带来了"多交税"的风险。此时，应尽可能地分清交易金额，或者直接签订两份协议。当然增值税上还有一种"混合销售[1]"的概念，实务当中各地对此处理不一，但是财税部门似乎越来越认可分清单独计税的方式。比如既销售货物又提供安排，如果能分清，货物的税率是16%，安排的征收率甚至可简易按3%，此时分开就大有益处了；如果分不清，就适用混合销售全按16%计税，税额就相对大了。

因此，以一个好的形式展示，也是老板需要关注的"技巧"，毕竟我们也面临着税务人员理解不同、水平不一的现状，有时对某个处理，根本很难找到对应的依据，即使企业再"苦口婆心"解释，结果可能也得看运气了。

尽管我们可以比较灵活地设置于自己有利的合同条款，但是

---

[1] 财税〔2016〕36号文件规定：一项销售行为如果既涉及服务又涉及货物，为混合销售。从事货物的生产、批发或者零售的单位和个体工商户的混合销售行为，按照销售货物缴纳增值税，其他单位和个体工商户的混合销售行为，按照销售服务缴纳增值税。本条所称从事货物的生产、批发或者零售的单位和个体工商户，包括以从事货物的生产、批发或者零售为主，并兼营销售服务的单位和个体工商户在内。

现实当中，中小企业在面对客户（特别是大客户）时，往往受制于对方的格式合同，很多老板对此表示无可奈何。其实税的风险是双向的，如果对方理解你的风险也是他的风险，那么，作为业务人员的对方代表自然会求证与确认，从而达成双方均可控的状态，不必一定追求对己"极致有利"的合同。

我们的建议

对于合同，除了上面提到的关注点之外，我们还要综合考虑合同签订流程复核、合同保管与保密的问题。对于正式的合同，大家平时可能习惯于使用邮件、微信等方式发送，因为可能发错，所以当技术上难以有效撤回的时候，建议对于合同的电子资料完善相应的密码打开方式。

目前较多的互联网公司开发了一些在线软件，在相应成本可控的前提下，可以考虑进行云平台管理。毕竟，我们的商业环境、技术保障、供应商人员的操守，有时的确是难以控制的，需要谨慎使用。

4.8

代持股权在法律与税务上的处理差异

> **摘要：** 代持股的成因多种多样，但是代持股一旦形成，在回归的过程中，或者价值取得的过程中，经济利益如何保障？法律上对于代持股的保障与税法上对于代持股的处理意见，二者并不相同。

股权代持又称委托持股、隐名投资，是指实际出资人与他人约定，以他人名义来持有股份的一种行为。实际出资人与名义出资人之间往往通过一纸协议来确定存在代为持有股权的事实，而这也是股权代持成为合法行为的一个基础。一直以来，因为某些原因，有一些人的股份是通过亲属、朋友或者创业伙伴代持的，在特定的条件下，法院是支持被代持人的权益归属的。下面我们先了解一下相关规定。

《最高人民法院关于修改关于适用〈中华人民共和国公司法〉若干问题的规定的决定》(法释〔2014〕2号)规定：

第二十四条 有限责任公司的实际出资人与名义出资人订立合同，约定由实际出资人出资并享有投资权益，以名义出资人为名义股东，实际出资人与名义股东对该合同效力发生争议的，如无合同法第五十二条规定的情形，人民法院应当认定该合同有效。

前款规定的实际出资人与名义股东因投资权益的归属发生争议，实际出资人以其实际履行了出资义务为由向名义股东主张权利的，人民法院应予支持。名义股东以公司股东名册记载、公司登记机关登记为由否认实际出资人权利的，人民法院不予支持。

实际出资人未经公司其他股东半数以上同意，请求公司变更股东、签发出资证明书、记载于股东名册、记载于公司章程并办理公司登记机关登记的，人民法院不予支持。

从一定程度上说，这是保证了实际出资人的利益，但是对于公开发行股票的上市公司来讲，却并不认可代持，尽管现实当中可能存在利益传递问题，但规则是以明确股权清晰、合规合法为前提。

但是这种情形也并非没有限制。在《福建伟杰投资有限公司、福州天策实业有限公司营业信托纠纷二审民事裁定书》（中华人民共和国最高人民法院民事裁定书〔2017〕最高法民终529号）就提出了不同的个案处理的意见，下面摘录部分结案内容：

本院认为，天策公司、伟杰公司签订的《信托持股协议》内容，明显违反中国保险监督管理委员会制定的《保险公司股权管理办法》第八条关于"任何单位或者个人不得委托他人或者接受他人委托持有保险公司的股权"的规定，对该《信托持股协议》的效力审查，应从《保险公司股权管理办法》禁止代持保险公司股权规定的规范目的、内容实质，以及实践中允许代持保险公司股权可能出现的危害后果进行综合分析认定。首先，从《保险公司股权管理办法》禁止代持保险公司股权的制定依据和目的来看，尽管《保险公司股权管理办法》在法律规范的效力位阶上属于部门规章，并非法律、行政法规，但中国保险监督管理委员会是依据《中华人民共和国保险法》第一百三十四条关于"国务院保险监督管理机构依照法律、行政法规制定并发布有关保险业监督管理的规章"的明确授权，为保持保险公司经营稳定，保护投资人和被保险人的合法权益，加强保险公司股权监管而制定。据此可以看出，该管理办法关于禁止代持保险公司股权的规定与《中华人民共和国保险法》的立法目的一致，都是为了加强对保险业的监督管理，维护社会经济秩序和社会公共利益，促进保险事业的健康发展。其次，从《保险公司股权管理办法》禁止代持保险公司股权规定的内容来看，该规定系中国保险监督管理委员会在本部门的职责权限范围内，根据加强保险业监督管理的实际需要具体制定，该内容不与更高层级的相关法律、行政法规的规定相抵触，也未与具有同层级效力的其他规范相冲突，同时其制定和发布亦未违反法定程序，因此《保险公司股权管理办法》关于禁止代持保险公司股权的规定具有实质上的正当性与合法性。

再次，从代持保险公司股权的危害后果来看，允许隐名持有保险公司股权，将使得真正的保险公司投资人游离于国家有关职能部门的监管之外，如此势必加大保险公司的经营风险，妨害保险行业的健康有序发展。加之由于保险行业涉及众多不特定被保险人的切身利益，保险公司这种潜在的经营风险在一定情况下还将危及金融秩序和社会稳定，进而直接损害社会公共利益。

综上可见，违反中国保险监督管理委员会《保险公司股权管理办法》有关禁止代持保险公司股权规定的行为，在一定程度上具有与直接违反《中华人民共和国保险法》等法律、行政法规一样的法律后果，同时还将出现破坏国家金融管理秩序、损害包括众多保险法律关系主体在内的社会公共利益的危害后果。《中华人民共和国合同法》第五十二条规定，"有下列情形之一的，合同无效：（一）一方以欺诈、胁迫的手段订立合同，损害国家利益；（二）恶意串通，损害国家、集体或者第三人利益；（三）以合法形式掩盖非法目的；（四）损害社会公共利益；（五）违反法律、行政法规的强制性规定。"故依照《中华人民共和国合同法》第五十二条第四项[1]等规定，本案天策公司、伟杰公司之间签订的《信托持股协议》应认定为无效。天策公司依据该《信托持股协议》要求将讼争4亿股股份过户至其名下的诉讼请求依法不能得到支持。

上面我们讨论的是利益归属问题，接下来看看税的处理，即是名义持有人还是实际持有人有法定纳税义务的问题。应该说，对这个问题，历来有争议，名义持有人认为与自己无关，实际持有人缴纳又可能跨了地区，有时也因利益来源不清而无法享受如股息红利免税等优惠待遇。从国家税务总局稽查部门的意见来看，是倾向于由名义持有人计缴，实际持有人取得股份之后不需要再重复缴纳的处理。

这是因为，在税法的认定上，税务部门没有相应的人员与判断能力去确定到底谁是真正的持有人，或者有人来声明时该如何

---

[1] 第五十二条有下列情形之一的，合同无效：（一）一方以欺诈、胁迫的手段订立合同，损害国家利益；（二）恶意串通，损害国家、集体或者第三人利益；（三）以合法形式掩盖非法目的；（四）损害社会公共利益；（五）违反法律、行政法规的强制性规定。

4.8 代持股权在法律与税务上的处理差异

确定其为持有人，这个成本估计也承担不起。于是就只能看谁是法律形式上的持有人，谁就按照税法规定计税。

之前小编有接触到某金融企业，以自己名义代客户进行股票的定向增发，于是在扣下手续费之后，款项就直接给了委托方，结果税务机关人员一查往来科目，大额收益转移，不对啊！这是你们的所得，补所得税吧！一算下来有1亿元人民币，这如何补啊？结果最后各种沟通协商，才得以"艰难认可"。关于代持，经济利益上算得很清楚，通常情形下也受法律保护，但是税法作为法律领域一个独立的分支，却有自己的一套规则与实施手段。这也是为何做法律服务的人并不一定做得了税法实务的原因[1]。

对于一些创业老板来讲，由于在发展过程中存在代持股的问题，之后想要恢复到真正持股人的身上，通常视为要按独立交易原则转让，法院很难给予确权直接过户到个人名下。当然，现实

---

[1]《国家税务总局稽查局关于2017年股权转让检查工作的指导意见》（税总稽便函〔2017〕165号）提出："五、关于代持股票的纳税主体确定问题　对于企业代个人持股的所得税征收，《国家税务总局关于企业转让上市公司限售股有关所得税问题的公告》（2011年第39号）第二条有明确规定：'因股权分置改革造成原由个人出资而由企业代持有的限售股……企业转让上述限售股取得的收入，应作为企业应税收入计算纳税'。对代持股票转让的营业税征收以及企业之间代持股票转让的企业所得税征收，应按其法定形式确认纳税主体，以代持方为纳税人征收营业税及所得税，如委托方已将收到的转让款缴纳了营业税及所得税，且两方所得税又无实际税负差别的，可以不再向代持方追征税款。"

当中也可能存在低价转让，这也有一定的空间，在特定情形下，是可以操作的，这样就避免了原来出资人的个人所得税问题；还有比如通过减资与增资方式实现转移。

代持股，无论作为哪一方，或多或少都有一些不好解释的理由，如果单独涉及税的角度，就不用复杂化考虑了，只要看名义持有人进行处理即可。代持股的问题，经过这么多年的争议，税务部门在2017年似乎达成了一个共识——不重复征税，只对名义持有人进行征纳。这中间或许有免税、亏损弥补、低税率等问题，但是整体的思路是这样的。

我们的建议

代持股问题是一个很严肃的议题，对于老板们来讲，需要非常谨慎，一方面要真正保障利益方的权益，另一方面也要避免将来发生争议。现实当中，必要的时候进行公证，或者保存彼此的约定文书，至于税务处理倒是其次。但在相应的协议中，宜约定清楚相应的税负承担主体与交割方式，在权利保障的基础上，钱的事也规划清楚，这样才可以防范可能出现的"不该发生的故事"。

4.9

老板在多个企业发工资的问题

> **摘要：** 有的老板在多个企业出资、担任职务，是不是一定要领取工资？有的老板利用跨地区监管不到位的漏洞，分别领取工资计算个税，没有汇总自行申报计税，财务人员也没有提醒到位；甚至一些老板有意安排在海外取得所得，却没有在中国申报计缴个税，如何处理？

现实当中，多有创业人因为工作之需，有多个企业的出资或工作岗位。恰好有一天，有一个朋友咨询我："我们的代理会计告诉我，最好在我投资的每个企业都领点工资，是不是这样啊？"

小编一想，这还真是个问题。有些名人、投资大佬，名下可能会有数百个公司,是不是每个企业都要发工资列工资单,然后这个人再每个月汇总计算纳税呢?是不是这个人要在数百个公司缴纳社保与住房公积金呢?就连小编自己也在某家公司任股东,挂个负责人的名字但并不领取工资,有时确实也为其工作,那我不领取工资是不是存在问题呢?

从法律关系上说,股东并不一定在公司工作,即并不一定领取工资,股东取得的是股息红利收益,就算股东付出劳动,也并非必然存在雇佣关系,有时股东就是发放工资不工作,这很难查实,你去查它意义也不大。毕竟个税与企业所得税是彼此对应存在的。

对于上面的问题,小编的建议是,并不一定必须在每个投资的企业发放自己的工资薪金,这个并没有对错,要结合自己的现状考虑是不是有必要。比如有的老板需要在海南购房,但现在有限制购买的政策,如果恰好当地有企业,则通过发放工资、缴个税与社保的方式证明自己是"当地人",而且实施这种政策的城市也越来越多,有些类需求的可以考虑。

其实,对于工资这个事项,创业人可能根本不涉及,很多创业人在相当长时间内没有一分钱收入,但是员工工资是必须支付的,毕竟两者奋斗的目标不同。

4.9 老板在多个企业发工资的问题

这儿要提示一下,对于个人的工资薪金,虽然有"金三"系统上线,但是目前各个省份之间并没有共享信息,但如果是省内的单位之间,会很轻易地查询到是不是多地发放工资,从而判断出有没有汇总纳税。

我们的建议

对于多地发放工资薪金的老板来讲,一个重要的问题是需要汇总计税,并自行缴纳。但是投资人"日理万机",可能会安排财务人员代办,财务人员如果不当回事或者根本不知道,也并没有及时办理,由此可能导致涉税违规事项发生。这里主要是名誉问题,因为企业可能有上市计划,这些在调查中都可能有律师关注。其中存在两种申报事项:一是由各个企业发放工资时按各自的方式扣缴,二是每个月的汇总计缴纳税,以及年12万元的纳税申报问题。

《个人所得税法》修订之后(将于2019年1月1日起施行),所有个人都需要进行年度个税的汇算清缴申报,老板们要特别关注并重视起来。同时,多地取得工资也不需每月汇总计税了,12万元申报也将失去申报必要性。

4.10

影视演员"阴阳合同"下创业人的合规之道

> **摘要**：范冰冰偷逃税款事件广受关注，足以影响影视行业长久以来奉行的"节税筹划之道"，同时可能波及整个税务筹划方式。当下的税务筹划，我们要不要做，如何做，成为关键。

最近，对于网上沸沸扬扬的演员明星"阴阳合同"的涉税违规举报问题，终于有了结果，新华社披露了相应的处理结果：

从调查核实情况看，范冰冰在电影《大轰炸》拍摄过程中实际取得片酬 3 000 万元，其中 1 000 万元已经申报纳税，其余 2 000 万元以拆分合同方式偷逃个人所得税 618 万元，少缴营业税及附加 112 万元，合计 730 万元。此外，还查出范冰冰及其担任法定代表人的企业少缴税款 2.48 亿元，其中偷逃税款 1.34 亿元。

对于上述违法行为，根据国家税务总局指定管辖，江苏省税务局依据《税收征收管理法》第三十二、第五十二条的规定，对范冰冰及其担任法定代表人的企业追缴税款 2.55 亿元，加收滞纳金 0.33 亿元；依据《税收征收管理法》第六十三条的规定，对范冰冰采取拆分合同手段隐瞒真实收入偷逃税款处 4 倍罚款计 2.4 亿元，对其利用工作室账户隐匿个人报酬的真实性质偷逃税款处 3 倍罚款计 2.39 亿元；对其担任法定代表人的企业少计收入偷逃税款处 1 倍罚款计 94.6 万元；依据《税收征收管理法》第六十九条和《税收征收管理法实施细则》第九十三条的规定，对其担任法定代表人的两户企业未代扣代缴个人所得税和非法提供便利协助少缴税款各处 0.5 倍罚款，分别计 0.51 亿元、0.65 亿元。

依据《行政处罚法》第四十二条以及《江苏省行政处罚听证程序规则》相关规定，9 月 26 日，江苏省税务局依法先向范冰冰下达《税务行政处罚事项告知书》，对此范冰冰未提出听证申请。9 月 30 日，江苏省税务局依法向范冰冰正式下达《税务处理决定书》和《税务行政处罚决定书》，要求其将追缴的税款、滞纳金、罚款在收到上述处理处罚决定后的规定期限内缴清。

依据《刑法》第二百零一条的规定，由于范冰冰属于首次被税务机关按偷税予以行政处罚且此前未因逃避缴纳税款受过刑事处罚,上述定性为偷税的税款、滞纳金、罚款在税务机关下达追缴通知后在规定期限内缴纳的,依法不予追究刑事责任。超过规定期限不缴纳税款和滞纳金、不接受行政处罚的,税务机关将依法移送公安机关处理。

经查,2018年6月,在税务机关对范冰冰及其经纪人牟某广所控制的相关公司展开调查期间,牟某广指使公司员工隐匿、故意销毁涉案公司会计凭证、会计账簿,阻挠税务机关依法调查,涉嫌犯罪。现牟某广等人已被公安机关依法采取强制措施,案件正在进一步侦查中。

国家税务总局已责成江苏省税务局对原无锡市地方税务局、原无锡市地方税务局第六分局等主管税务机关的有关负责人和相关责任人员依法依规进行问责。同时,国家税务总局已部署开展规范影视行业税收秩序工作。对在2018年12月31日前自查自纠并到主管税务机关补缴税款的影视企业及相关从业人员,免予行政处罚,不予罚款;对个别拒不纠正的依法严肃处理;对出现严重偷逃税行为且未依法履职的地区税务机关负责人及相关人员,将根据不同情形依法依规严肃问责或追究法律责任。

随后,《国家税务总局关于进一步规范影视行业税收秩序有关工作的通知》（税总发〔2018〕153 号）明确要求：从 2018 年 10 月 10 日起，各地税务机关通知本地区的影视制作公司、经纪公司、演艺公司、明星工作室等企业及影视行业高收入从业人员，对 2016 年以来的申报纳税情况进行自查自纠。凡在 2018 年 12 月底前认真自查自纠、主动补缴税款的影视企业及从业人员，免予行政处罚，不予罚款。

同时，各地税务机关也开始要求影视工作室由核定征收改为查账计税征收方式，影视工作室避税通道关闭。从税法征管规定来看，核定征收本身并不是适用错误，只是一种征税的方式，并不代表核定征收本身出现了违法的事项，只是从 2018 年起开始不允许核定征收了。

之前我们经常听到有买卖房产规避纳税义务的"阴阳合同"。其实对于"阴阳合同"，大家了解得并不清楚。即使是崔永元老师，也未对此进行特别清楚的表述，只是感觉到有问题。比如一个演出事项，签订了一份 1 000 万元的合同，又签订了一份 5 000 万元的合同，前者进行了核定计税，后者转入了个人的存折账户，根本没有算税，这就构成了明显的逃税问题，极有可能需要承担刑事责任。

依据《刑法》规定：

第二百零一条 【逃税罪】 纳税人采取欺骗、隐瞒手段进行虚假纳税申报或者不申报，逃避缴纳税款数额较大并且占应纳税额百分之十以上的，处三年以下有期徒刑或者拘役，并处罚金；数额巨大并且占应纳税额百分之三十以上的，处三年以上七年以下有期徒刑，并处罚金。

扣缴义务人采取前款所列手段，不缴或者少缴已扣、已收税款，数额较大的，依照前款的规定处罚。

对多次实施前两款行为，未经处理的，按照累计数额计算。

有第一款行为，经税务机关依法下达追缴通知后，补缴应纳税款，缴纳滞纳金，已受行政处罚的，不予追究刑事责任；但是，五年内因逃避缴纳税款受过刑事处罚或者被税务机关给予二次以上行政处罚的除外。

从处理结果看，正是由于首次被处罚且按期缴纳税款、罚款的情形而免除了刑事责任，这相当于是给了一次自我改过的机会。正所谓"君子爱财，取之有道"，在新的形势下，原来普遍使用的纳税筹划方式正面临考验。时下我们打开网页，经常可以看到各种推销纳税筹划的网站，似乎已把这项专业要求很高的业务做成了一门生意，但是树大招风，纳税筹划绝对不是简单地靠搞个核定、开个发票、要个财政返还这"三板斧"就能搞定的，无形中更是会导致那些筹划单位的信息被记录在案。

"阴阳合同"不是重点，重点是我们是不是严格地守住了底线。税收筹划本身并不代表即时违法，国家税收政策对于不同主体、不同业务，确实也有各种征管方式、激励优惠政策，基于真实基础，专业安排，自然可以达到合规的规划目标。

我们的建议

毋庸置疑的是，下一步演艺行业必然会受到税务机关的"关照"，这个行业的地区聚集效应也可能发生新的变迁。我们要时刻关注国家财政、税务部门对于相关行业的规定与征管方式的改变，切勿轻易被网络上的避税筹划服务所诱惑。

范冰冰事件给我们几点启示：一是税收法规有了进步与完善，二是纳税人的各方面信息会暴露出涉税的风险，三是给高收入群体有了自检改善的参照。

4.11

创业企业的商业模式与税收规则的冲突与协调

> **摘要**：这可能是很多企业面临的真实情景，小编也会为创业企业喊"冤"，但是税法规定有时就是"不近人情"的。若再碰上某税务主管人员"铁板一块"，那创业企业就会陷入非常艰难的境地。

一天，税务师小王的电话铃急促地响起，对方是张老板："王总，我冤枉啊！我们公司是刚成立的企业，结果现在税务机关让我们补税，您快给看看！"

"张总，别急！容我了解一下情况先！"小王了解后发现，是

4.11 创业企业的商业模式与税收规则的冲突与协调

这么回事：

张老板是一个年轻的创业人，与伙伴一起创立了一个互联网平台企业，专门提供一些平台广告业务，通过流量，在日常的微信文章、网页中植入链接，使用人在通过这些网页打开或转发、下单时，平台给这些人提供一些奖励。这些奖励主要由产品或服务的厂家提供，比如房地产企业、儿童用品企业等，他们向平台支付服务费。而问题就出在上面的奖励支出中，其涉及增值税与企业所得税问题！

通过在系统中评估，税务机关发现张老板的企业有这样的情形：取得的进项多有17%（2018年5月1日前），而销售的税率几乎全为6%，明显有倒挂现象，不大符合常规，有些东西明显无法消费，比如小动物玩具、书包等。因此就通过调查，发现企业有对外奖励的支出，主要表现在：

（1）客户可以折扣价格购买商品；

（2）对达到一定积分的人直接赠送相应的礼品；

（3）对达到一定贡献的人直接赠送相应的电信充值卡等。

税务机关初步认为，上面赠送的物品、低价销售的商品要按17%以全额计缴增值税，同时对于相应的让利部分、赠送部分扣缴个人所得税。

王总一听，这些都是现实当中大量存在的情况，公司没有作价收款，凭什么要缴税啊？上面的问题，该如何应对？

事项一：关于增值税

在上面的案例中，涉及两种情形，一种是低价"秒杀"销售，一种是无偿赠送，处理的对比见表4-3。

表4-3

事项	税务机关的意见	应对	依据
秒杀价格	税务机关认为定价不公允，要进行调整处理计缴增值税	对于释义中提到的所谓季节性、鲜活商品的规定已废止，且《价格违法行为行政处罚规定》也废止了此类条款，市场经济下，哪有无正当理由的，不降价，市场都没有，因此秒杀价格偏低但多有正当理由	增值税暂行条例：纳税人销售货物或者应税劳务的价格明显偏低并无正当理由的，由主管税务机关核定其销售额[a]
无偿赠送	视同销售计缴增值税	如果从无偿的角度，这种情形突破的难度还是比较大的，真不如卖个1元钱	视同销售：将自产、委托加工或者购进的货物无偿赠送其他单位或者个人

a.《增值税暂行条例释义》指出：根据《反不正当竞争法》和《价格违法行为行政处罚规定》等有关法律法规的规定，除了销售鲜活商品、处理有效期限即将到期的商品或者其他积压的商品、季节性降价、因清偿债务、转产、歇业降价销售商品外，如果出售某种商品价格明显偏低，主管税务机关就应该关注，核实纳税人是否具有避税的动机，是否有必要进行纳税调整。

创业者就想不明白了：为何我赠送的商品，没有收到钱还要计缴增值税呢？而秒杀可能只缴一点税就可能没有问题了呢？没有办法，这是我们国家的税收规则，或许是考虑公平竞争的大方向不要出问题，尽管不合理，但是规则就是这样的。

所以对于上面的情形，如果真要作无偿赠送，那就必须视同销售处理，但此时进项是可以抵扣的，其实也并不吃亏。但是，如果企业赠送的是现金，就不存在增值税的问题了，直接税前扣除即可，只需要考虑个人所得税的问题。

事项二：关于个人所得税

个人所得税处理的主要依据是《财政部 国家税务总局关于企业促销展业赠送礼品有关个人所得税问题的通知》（财税〔2011〕50号）规定：

根据《中华人民共和国个人所得税法》及其实施条例有关规定，现对企业和单位（包括企业、事业单位、社会团体、个人独资企业、合伙企业和个体工商户等，以下简称企业）在营销活动中以折扣折让、赠品、抽奖等方式，向个人赠送现金、消费券、物品、服务等（以下简称礼品）有关个人所得税问题通知如下：

一、企业在销售商品（产品）和提供服务过程中向个人赠送礼品，属于下列情形之一的，不征收个人所得税：

1.企业通过价格折扣、折让方式向个人销售商品（产品）和提供服务；

2.企业在向个人销售商品（产品）和提供服务的同时给予赠品，如通信企业对个人购买手机赠话费、入网费，或者购话费赠手机等；

3.企业对累积消费达到一定额度的个人按消费积分反馈礼品。

二、企业向个人赠送礼品，属于下列情形之一的，取得该项所得的个人应依法缴纳个人所得税，税款由赠送礼品的企业代扣代缴：

1.企业在业务宣传、广告等活动中，随机向本单位以外的个人赠送礼品，对个人取得的礼品所得，按照"其他所得"项目，全额适用 20% 的税率缴纳个人所得税。

2.企业在年会、座谈会、庆典以及其他活动中向本单位以外的个人赠送礼品，对个人取得的礼品所得，按照"其他所得"项目，全额适用 20% 的税率缴纳个人所得税。

3.企业对累积消费达到一定额度的顾客，给予额外抽奖机会，个人的获奖所得,按照"偶然所得"项目,全额适用20%的税率缴纳个人所得税。

三、企业赠送的礼品是自产产品(服务)的,按该产品(服务)的市场销售价格确定个人的应税所得;是外购商品(服务)的,按该商品(服务)的实际购置价格确定个人的应税所得。

从上面的规定中我们可以发现,"秒杀"是折扣销售中的一种方式,不需要计缴其中较公允价格"得利"部分的个税。而如果是"白送"(包括现金,因为现金是无法折扣销售的),就要按20%代扣代缴个税,这样企业的成本无形当中就又高了。

当下,越来越多的互联网平台为了尽快发展壮大,常常借助免费手段拉流量,在此过程中,增值税、个人所得税、企业所得税,都有很多的规则,企业以为自己选了好的商业模式,却造成了"没有收入"下的缴税,估计这个查出来就够创业人应付的。小编认为,尽管很多平台都在做,不过税务机关目前还没有下大力气关注,但是因为评估找上门来的风险是越来越高了。

其实,在企业所得税上也存在视同销售与折扣销售的问题,只是所得税的视同销售并非直接形成计税缴纳,同时如果涉及广告业务,还有按收入的3%计缴文化事业建设费的问题。

我们的建议

一种好的商业模式，可能非常受投资者的青睐，但是如果落入了税收规则的计税"陷阱"或担上了"应税义务"，说不定这个商业模式就成长不了。比如如果想把全国的公务员拉入到C端来提供服务，这必然触及监管的问题，还有当下一些医院挂号的网站，也慢慢受到监管的限制，还有的商业模式，如果就是基于不能开发票而私下交易，恐怕也无法长远。于此，考虑商业模式时要明确，优化的税务模式是有力的保障，也是未来持续发展的核心，因为这是一个合规经营的问题，同时也是一个有效筹划的问题。

4.12 企业收益"公转私"的方式与风险防范

摘要："公转私"泛指股东从所投资的公司取得各种利益，其中存在涉税成本、税前扣除的问题，有些面临质疑，有些是合理的规划。同时也可以了解一下服务机构提供的一些筹划方案是不是靠谱。

"公转私"，是将公司的钱或物合法地转移到股东个人的名下。因为股东以股息红利或工资薪金的方式取得报酬，都有较高的税负，如有的股东就以股东借款来操作，税收上给出了超过一个年度不还要视同分配按股息红利计税的规定。在本书中我们已进行了充分地分析。

比如当下霍尔果斯的企业，享受"五免五减"之后，企业的钱如何回归到个人名下呢？钱在公司账上放着，转到个人时就需要有名目，还需要有计税的规则来"守候"，以对外投资的方式进行处理，这也相当于支出啊，有时我们要长远地看问题，而不是一定转到个人名下。

在"公转私"的过程中，作为老板要关注财务的做账处理。财务人员在记账过程中，往往会记录得很清楚，有时还做个小账本，其实老板的支出与开具的发票有可能会对应不上，这并不是做假账的问题，而是老板更清楚地了解业务，但在配比会计处理中，并不一定非要将业务的来龙去脉搞得很清楚，记录得很清楚。

现实当中有这样一种情形，即作为公司的股东，给公司提供服务，收取服务费。通常来看，这相当于是关联方服务，只是因为涉及开具发票等情形，一定要能够证明业务的真实性。

小编关注到，有一些公司在收购过程当中，涉及原来的股东借款（其实是存在抽逃出资的情形），结果在后面的对接中，就存在个人股东借款未还，税务机关要求补征股息红利个税的问题。

对于自己所创立的企业，尽管股东对利益有处理决定权，但是需要用合法的、对自己有利的方式转化为个人所有，这是需要事前判断的，而不是事后再补救。

4.12 企业收益"公转私"的方式与风险防范

💡 我们的建议

"公转私"的过程当中，有时银行也存在管理要求，大型银行与中小型银行的要求不同。现实当中，比如某老板需要预支款项，但银行有提现限额，此时会计可能会编制一份不真实的出差表，或者做虚拟借款处理等，如果通过转给个人账户方式转移资金，银行往往设置有每日限额，有的老板会担心，原来提现的用途是不是必须要跟后面的实际支付一样才合规，其实大家违反的是现金管理办法，只是目前，这个管理办法并没有得到严格的落实。

在这儿还可以补充一种方法，即减资，这也是股东可以取回资金的方式，在很多的案例中已经得到应用。

PART 5

老板要学会的检查应对问题

5.1

遇到税务检查如何办

> **摘要**：税务检查是每一个纳税人都不愿意面对的事，但是税务检查作为一项工作，确实是税务机关的职责所在。于是，总是有可能会发生检查的事项。目前，税务检查有多项内容，对于小企业来讲，主要有增值税专用发票抵扣是否真实合规、税负率指标、不同税种间收入比对、特定事项预警管理等等。有一些指标可能真是会发现问题；有一些只是预警，企业适当说明即可；还有一些是征管类的，有时并非企业的错，但可能只是征管考核上的问题，此时就需要做进一步沟通解释工作了。

当下，税务机关对于重点税源户、千户大企业是有比较完善的风险管理体系与人员部门对接的，但是对于小型企业，人为安排进行的检查就比较少。税务机关所使用的"金三"系统，通过一些指标变化、特定事项发生识别等，会自动发现一些问题，进而要求主管税务机关进行核实。即所谓有变化就有风险，这个风险不代表就一定存在违规问题，而是系统机械地发生预警，要求合理、有力地解释清楚，就是一个与税务机关打交道的过程了。

税务检查有多种形式，比如直接由税务机关稽查局下发稽查通知，这一类是比较清楚的，一般会说明检查人员姓名、检查年度、事项等，有时事项也并没有解释得特别清楚；还有一类是基于税务机关风控部门推送给各个税务管理所的风险确认事项进行的检查，往往也会发生大额补税的情形，此时的意见也需要持续沟通，因为这也是主管所需要落实清楚的内容，系统中也是会留下记录的。

对于税务稽查，每一年国家税务总局会安排对一些行业或重大事项的检查，比如房地产业、进出口行业等，稽查的案源有多种类型。《税务稽查案源管理办法（试行）》规定：

第十五条　根据案源信息的来源不同，将案源分为九种类型：

（一）推送案源，是指根据风险管理等部门按照风险管理工作流程推送的高风险纳税人风险信息分析选取的案源；

(二）督办案源，是指根据上级机关以督办函等形式下达的，有明确工作和时限要求的特定纳税人税收违法线索或者工作任务确认的案源；

（三）交办案源，是指根据上级机关以交办函等形式交办的特定纳税人税收违法线索或者工作任务确认的案源；

（四）安排案源，是指根据上级税务局安排的随机抽查计划和打击偷税（逃避缴纳税款）、逃避追缴欠税、骗税、抗税、虚开发票等稽查任务，对案源信息进行分析选取的案源；

（五）自选案源，是指根据本级税务局制定的随机抽查和打击偷税（逃避缴纳税款）、逃避追缴欠税、骗税、抗税、虚开发票等稽查任务，对案源信息进行分析选取的案源；

（六）检举案源，是指对检举线索进行识别判断确认的案源；

（七）协查案源，是指对协查线索进行识别判断确认的案源；

（八）转办案源，是指对公安、检察、审计、纪检监察等外部单位以及税务局督察内审、纪检监察等部门提供的税收违法线索进行识别判断确认的案源；

（九）其他案源，是指对税务稽查部门自行收集或者税务局内、外部相关单位和部门提供的其他税收违法线索进行识别判断确认的案源。

第十六条 督办案源、交办案源、转办案源、检举案源和协查案源由于来源渠道特殊,统称为特殊案源。

对特殊案源应当由稽查局指定专人负责管理,严格遵守保密纪律,依法依规进行处理。

同时,国家税务总局还专门发布了《推进税务稽查随机抽查实施方案》,其中规定:

依法检查纳税人、扣缴义务人和其他涉税当事人(以下统称为税务稽查对象)履行纳税义务、扣缴税款义务情况及其他税法遵从情况。所有待查对象,除线索明显涉嫌偷逃骗抗税和虚开发票等税收违法行为直接立案查处的外,均须通过摇号等方式,从税务稽查对象分类名录库和税务稽查异常对象名录库中随机抽取。

其实从一定程度上讲,检查过程中的事项,有时也会考虑行业重要性、补税金额的大小及效率问题,在检查过程中,也有采取让纳税人先自查的安排。此时纳税人往往左右为难:一点没有问题,似乎并不一定确定,自查补多少税,有时也没有底,这就要看具体情形来决定自查报告怎么写了。小编之前也为一些企业看过自查报告，这个确实需要有效整合业务、专业与依据，做到言辞诚恳、有理有据，有问题的地方也不妨适当补上税款。

我们的建议

面对税务稽查、举报检查情形：

其一，老板要考虑刑事责任风险，是老板的责任还是财务人员处理不到位引起的，是主观还是非主观的，是因为不了解政策还是知晓故意为之，定性很关键，承担责任的主体也很关系。

其二，要有所配合。比如小编接触到有的老板自认为是IT高手，数据库一般人无法破解。请注意，目前的业务，往往不需要发现这个，可以通过微信、支付宝收款，或者快递结算单等检查方式；还有的采取烧毁账簿，甚至"威胁"检查人员的手段，这些比较激进的方式建议不宜采用。

其三，需要专业应对，毕竟事情发生了，此时需要的是技术上的"PK"，针对举报的事项，找到对自己有利的政策或处理依据，这也是关键。对于涉税处理事项，税收规则中有的并不是非黑即白，而是可能存在或左或右的理解，这是需要结合发生的事实进行"应用"得来的。

其四，如果涉及补税，考虑滞纳金是不是要缴，罚款有没有沟通的空间，减少除税款之外的不必要损失。同时关注有没有第三方承担的赔偿问题，比如合同约定中有没有此方面的条款，此时就需要关注签订合同中的涉税条款了。

其五，也是最重要的一点，要知道如何保护自己的权利。比如依照征管法规定，哪些属于逃税的主观故意行为，哪些是可以补税但没有刑事责任的，哪些过了期限税务机关无权再追征，哪些是税务机关程序方面存在不当的，提出复议、诉讼的条件与期限如何，等等。必要的时候，咨询一下律师会比较稳妥。

从小编接触的案例看，通常双方其实都不想对簿公堂，作为执法机关，自然有相对优势的一面，而纳税人可能相对被动，比如有的纳税人担心"打击报复"，这是一种心理感觉。作为老板，还是需要对自己业务的涉税应用有大局的把握才好。

5.2

税务机关在日常监管中有哪些方式

> **摘要：** 税务机关在日常监管中，往往会有一些温馨提示，有一些看似正常，但是如果发生了，就可能不正常了，所以有的企业没有办法，长期不经营也会缴纳少量的增值税。还有的企业因为发票开具金额少于应税收入，甚至也被认为不正常，这其实只是税务征管中设置的可能存在风险的指标，只要适当解释就可以的。

近日，小编遇到一件事：某餐饮企业员工向税务机关举报企业扣缴个税不完整，税务稽查局下发通知，要求企业提供各种说明。老板心中很是不安，毕竟这是"内部人"的举报，情况多数是真实的，只是在适用政策的理解上是否正确，可能还需要探讨。

下面小编摘录的是河南地税针对个税的风险提示：

尊敬的个人所得税纳税人、扣缴义务人：

按照《中华人民共和国税收征收管理法》和《个人所得税全员全额扣缴申报管理暂行办法》（国税发〔2005〕205号）有关规定，单位向个人支付个人所得税应税所得时，无论是否达到纳税标准，均应在税法规定的期限内如实、准确进行个人所得税纳税申报并解缴税款。

近期，税务部门通过数据分析发现：一、部分纳税申报数据存在较高涉税风险。如：个人工资薪金为0元或1元、单位大部分员工长期工资薪金为3 500元、规模较大或经营状况较好的单位长期申报税额为0元等不合理情形；二、部分纳税人未按规定进行个人所得税全员全额扣缴申报，存在逾期申报或未申报现象。

税务机关将定期针对上述情形，进行评估核查。请相关单位和个人及时排查上述涉税风险，提高税法遵从度，如实、准确进行个人所得税纳税申报。

而《河南省国家税务局关于税收低风险事项推送纳税人自我纠错的通告》提出了这样的管理方式：

本通告所称税收低风险事项，包括自动扫描风险事项和人工分析风险事项两类。

自动扫描风险事项，第一批共设置推送指标 12 项，包括：征期内未申报提醒、征期内未缴纳税（费）款提醒、逾期未申报提醒、逾期未缴纳税（费）款提醒、超标准未登记增值税一般纳税人提醒、未认证增值税专用发票提醒、查账征收小规模纳税人发票开具金额超过申报金额补税提醒、起征点以上个体双定户发票开具金额超核定定额 20% 补税提醒、未达起征点个体双定户发票开具金额超起征点补税提醒、一般纳税人零负申报预警提醒、一般纳税人低于同行业税负一倍预警提醒、所得税连续两年亏损预警提醒。下一步，我局还将根据纳税人反馈意见和运行情况适时调整完善有关提醒事项。

人工分析风险事项，其具体推送内容及时间，将根据税务机关风险分析结果确定。

大家知道，系统管税正越来越深入企业的日常涉税管理，这种基于风险推送的方式，让企业的主管税务机关通过强制手段进行调查确认。我们知道，"不正常"不代表必有问题，但至少是可能有问题的，很容易扫描出来聚焦的风险，而这种问题，通过层层分工，也增加了纳税人风险破解的难度，而且很有可能"一带多",披出更多的风险点,甚至面临大额的补税。

还有几种情形是这样造成的:

一种是因销售方虚开发票带来的"牵连"问题,轻者是"善意"取得,不得抵扣,有的地方也倾向于要求不得企业所得税税前扣除;

另外一种源自举报,这个是防不胜防,一是"打铁还需自身硬",二是我们要注意,对于财税信息的安全管理与保密管理,以及将员工个税"筹划"扩大化,很容易埋下争议的伏笔。

随着征管法的修订,预计个人银行账户信息、个人股权转让的信息等将被引入税务监管范围,还有境外个人账户信息的交换,这些外部环境的因素,也会引发纳税人的风险。

还有一种就是全国数据的联网。之前可能存在全国各地的财税差异,地区信息不能共享,甚至国地税之间的信息不能共享的现象。随着国地税合并,"金三"系统全国统一上线,很多信息就可能实现彼此的统一、关联或比较,这些也是纳税人面临的风险。而且从未来看,这种手段只会越来越多、越来越强、越来越有针对性,而且是从"人管"到"机管"再到"信息管",步步深入。

我们的建议

小编曾接触过纳税人申请发票使用量困难的案例,也接触过税务预警应对处理的案例。每一个应对,即使是非常小的问题,建议企业家们都要重视起来。天天派一个代理记账人员来跑是不行的,一是责任心不一样,二是可能解释不清楚,最主要的是不能体现出自己重视的态度。比如因为无法给对方开具发票,对方以此为由不支付款项,这也是常有的事。同时,要及时了解税务征管当中关注的指标口径,做到提前了解,有效规避。

5.3

涉税争议中纳税人如何保障自己的权利

> **摘要**：一般的创业人，可能与税务机关还算熟悉，毕竟业务上的交流机会多，还时不时地跑一趟。但是对于公安局与法院、检察院就不同了，大多数人可能一辈子都不会打一场官司，如果因为有经营了，涉及公安机关、法院的参与，创业人该如何处理呢？

"姜律师，您看这个事儿该怎么办，公司银行账户里的钱被税务机关直接划走了！"杨总满脸焦急地看着我。"税务机关的处理结果是有问题的，不应该征收这么多税，现在要求我们把七八年前的税都补缴上，还把公司账户查封了，这样下去公司就要倒闭了！"这是某公司总经理接到人民法院执行听证通知后找到我时的情景。

看过杨总提供的案件材料,并听他讲述与税务机关交涉的过程,发现税务机关的确存在处理不当之处。然而,税务机关的处理决定一年前就已经作出,早已超过复议时效和诉讼时效,由于杨总未找准争议焦点,也未及时以恰当的方式寻求权利救济,现在只能承担这样不利的法律后果。由此可见,了解如何针对涉税案件进行权利救济对企业而言是十分重要的。

1. 税务机关有权保全、执行纳税人财产的情形

依据《税收征收管理法》,税务机关在下列两种情况下有权保全纳税人财产:

(1) 税务机关认为从事生产、经营的纳税人有逃避纳税义务的,可以在规定的纳税期之前,责令限期缴纳应纳税款,如果在限期内发现纳税人有明显转移、隐匿其应纳税的财产或者收入迹象的,税务机关要求提供纳税担保而不提供的,税务机关有权采取保全措施;

(2) 税务机关对从事生产、经营的纳税人以前纳税期的纳税情况依法进行税务检查时,发现纳税人有逃避纳税义务行为,并有明显的转移、隐匿其应纳税的商品、货物以及其他财产或者应

纳税的收入的迹象的，也可以进行税收保全。

此外，纳税人如果未按期缴纳税款或滞纳金，税务机关还可以根据上述法律的相关规定，书面通知金融机构从纳税人存款中扣缴税款，也可以依法拍卖相当于应纳税款的财产。

如果纳税人对税务机关的保全措施或者直接执行财产的行为不服，可以依法申请行政复议，或者直接向人民法院提起行政诉讼；但对于此类行政诉讼，法院往往审理的是税务机关的执行行为是否合法，而并不涉及税务案件的实体问题。因此，要彻底实现涉税案件的权利救济，必须从源头着手。

2. 税务检查的应对

（1）正确对待税务检查中的《税务事项通知书》。一般而言，纳税人在被税务机关检查的过程中会收到《税务事项通知书》，通知书会按照《税务稽查工作规程》第四十一条的规定，详细列明税务机关发现的违法事实和法律依据。如果在这个阶段纳税人向税务机关作出充分的情况说明，一旦被检查人员采纳，将直接影响到《税务稽查报告》的起草。该报告是审理部门定性涉税案件的重要依据，甚至在一定程度上决定着审理部门的处理结果。

（2）及时陈述、申辩或申请听证。《税务处罚事项告知书》在告知当事人处罚决定的同时，也告知当事人享有陈述、申辩及要求听证的权利，需要强调的是，听证申请必须在接到告知书后三日内提出。

3. 申请行政复议或提起行政诉讼

（1）纳税争议范围。《税收征收管理法》第八十八条规定，纳税人、扣缴义务人、纳税担保人同税务机关在纳税上发生争议时，必须先按照税务机关的纳税决定缴纳，或者解缴税款及滞纳金，或者提供相应的担保。

本条的纳税争议是指对税务机关确定的纳税主体、征税对象、征税范围、减税、免税及退税、适用税率、计税依据、纳税环节、纳税期限、纳税地点及税款征收方式存在争议。纳税人在收到《税务处理决定书》后如有异议，一定首先确认是否属于前述范围的争议。如果属于，那就需要在缴纳税款和滞纳金后，才能寻求权利救济。

此外，上述范围的纳税争议案件属于复议前置案件，若有异议，必须在接收到处理决定后60日内向复议机关提出行政复议申请。而对于不属于上述纳税争议的案件，纳税人如有异议可以直接向人民法院提起行政诉讼，无须先缴纳税款就可以寻求权利救济。

（2）行政诉讼的提起时间和管辖法院。如果纳税人对行政复议的决定依然不服，应该在收到《行政复议决定书》15日内向人民法院提起行政诉讼。而对于直接可以向人民法院提起行政诉讼的案件，则是在收到税务机关相关法律文书后6个月内向人民法院提起诉讼。

没有经过复议而直接提起行政诉讼的案件，一般由基层人民法院管辖，如果纳税人认为案件重大复杂，不适宜基层人民法院审理，或者基层法院既不立案又不作出不予立案的裁定，则纳税人可以直接向该地中级人民法院起诉，中级人民法院须于七日内根据具体情况决定自行审理还是指定本辖区其他基层人民法院审理，或者书面告知到有管辖权的基层人民法院起诉。

经过复议的案件，一般由最初作出行政行为的税务机关所在地基层人民法院管辖，也可以由复议机关所在地基层人民法院管辖。

限于篇幅，以上所述是涉税行政案件程序上的一部分问题，涉税行政案件纳税人想要保护自身权益，除却复杂的实体问题，记住程序，抓住重点，同样也是应当做的事情。

我们的建议

上述只是一些程序方面的说明，如果真有涉及公安、诉讼等方面的事儿发生，小编建议首先要自己或由亲属联系对接专业律师，如果平时就有刑诉方面的律师咨询更好。大家都知道，平时税务师、会计师、法务律师的工作主要体现在经济利益的维护方面，而在"真刀真枪"分辨是否属于违法与守法的界限之争时，程序与实务就同样重要了。

要注意，通常我们在处理税务事宜时，往往要证明自己是合规的没有问题的，但是在刑事责任中，我们更多的并不需要举证，而是要看对方的证据是不是完整、合法、有效的。

5.4 员工举报企业税务问题会有什么结果

> **摘要**：平时,员工估计不会主动去揭发,毕竟大家合作一场。但有时因为发生矛盾,或者心理不平衡、委屈会去举报,也偶有为了奖金去举报的。

时下,由于劳资关系比较紧张,经常会发生员工举报的事情,比如产品造假、少缴员工社保或者公司偷漏税的问题。

员工举报由于信息相对真实,很容易产生较大的影响,至少在当下,屡有发生的用工矛盾,正在考验着企业家的智慧与管理把控能力。同时也在考验着企业对相应法规规定的遵从,对于自己利益相关事项的处理。

单就税务举报来看，举报人或许也有考虑相应奖励的目的。《检举纳税人税收违法行为奖励暂行办法》规定：

第六条 检举的税收违法行为经税务机关立案查实处理并依法将税款收缴入库后，根据本案检举时效、检举材料中提供的线索和证据详实程度、检举内容与查实内容相符程度以及收缴入库的税款数额，按照以下标准对本案检举人计发奖金：

（一）收缴入库税款数额在 1 亿元以上的，给予 10 万元以下的奖金；

（二）收缴入库税款数额在 5 000 万元以上不足 1 亿元的，给予 6 万元以下的奖金；

（三）收缴入库税款数额在 1 000 万元以上不足 5 000 万元的，给予 4 万元以下的奖金；

（四）收缴入库税款数额在 500 万元以上不足 1 000 万元的，给予 2 万元以下的奖金；

（五）收缴入库税款数额在 100 万元以上不足 500 万元的，给予 1 万元以下的奖金；

（六）收缴入库税款数额在 100 万元以下的，给予 5 000 元以下的奖金。

第七条 被检举人以增值税留抵税额或者多缴、应退的其他税款抵缴被查处的应纳税款，视同税款已经收缴入库。

检举的税收违法行为经查实处理后没有应纳税款的，按照收缴入库罚款数额依照本办法第六条规定的标准计发奖金。

因被检举人破产或者存有符合法律、行政法规规定终止执行的条件，致使无法将税款或者罚款全额收缴入库的，按已经收缴入库税款或者罚款数额依照本办法规定的标准计发奖金。

第八条 检举虚开增值税专用发票以及其他可用于骗取出口退税、抵扣税款发票行为的，根据立案查实虚开发票填开的税额按照本办法第六条规定的标准计发奖金。

第九条 检举伪造、变造、倒卖、盗窃、骗取增值税专用发票以及可用于骗取出口退税、抵扣税款的其他发票行为的，按照以下标准对检举人计发奖金：

（一）查获伪造、变造、倒卖、盗窃、骗取上述发票10 000份以上的，给予10万元以下的奖金；

（二）查获伪造、变造、倒卖、盗窃、骗取上述发票6 000份以上不足 10 000 份的，给予 6 万元以下的奖金；

（三）查获伪造、变造、倒卖、盗窃、骗取上述发票 3 000 份以上不足 6 000 份的，给予 4 万元以下的奖金；

（四）查获伪造、变造、倒卖、盗窃、骗取上述发票 1 000 份以上不足 3000 份的，给予 2 万元以下的奖金；

（五）查获伪造、变造、倒卖、盗窃、骗取上述发票 100 份以上不足 1 000 份的，给予 1 万元以下的奖金；

（六）查获伪造、变造、倒卖、盗窃、骗取上述发票不足 100 份的，给予 5 000 元以下的奖金；

查获伪造、变造、倒卖、盗窃、骗取前款所述以外其他发票的，最高给予 5 万元以下的奖金；检举奖金具体数额标准及批准权限，由各省、自治区、直辖市和计划单列市税务局根据本办法规定并结合本地实际情况确定。

第十条 检举非法印制、转借、倒卖、变造或者伪造完税凭证行为的，按照以下标准对检举人计发奖金：

（一）查获非法印制、转借、倒卖、变造或者伪造完税凭证 100 份以上或者票面填开税款金额 50 万元以上的，给予 1 万元以下的奖金；

（二）查获非法印制、转借、倒卖、变造或者伪造完税凭证50份以上不足100份或者票面填开税款金额20万元以上不足50万元的，给予5 000元以下的奖金；

（三）查获非法印制、转借、倒卖、变造或者伪造完税凭证不足50份或者票面填开税款金额20万元以下的，给予2 000元以下的奖金。

第十一条 被检举人的税收违法行为被国家税务局、地方税务局查处的，合计国家税务局、地方税务局收缴入库的税款数额，按照本办法第六条规定的标准计算检举奖金总额，由国家税务局、地方税务局根据各自收缴入库的税款数额比例分担奖金数额，分别兑付；国家税务局、地方税务局计发的检举奖金合计数额不得超过10万元。

第十二条 同一案件具有适用本办法第六条、第七条、第八条、第九条、第十条规定的两种或者两种以上奖励标准情形的，分别计算检举奖金数额，但检举奖金合计数额不得超过10万元。

第十三条 同一税收违法行为被两个或者两个以上检举人分别检举的，奖励符合本办法规定的最先检举人。检举次序以负责查处的税务机关受理检举的登记时间为准。

最先检举人以外的其他检举人提供的证据对查明税收违法行为有直接作用的，可以酌情给予奖励。

对前两款规定的检举人计发的奖金合计数额不得超过10万元。

第十四条 检举税收违法行为的检举人，可以向税务机关申请检举奖金。

检举奖金由负责查处税收违法行为的税务机关支付。

《税收违法行为检举管理办法》规定：

第十四条 举报中心将检举事项登记以后，应当按照以下方式分类处理：

（一）检举内容详细、税收违法行为线索清楚、案情重大、涉及范围广的，作为重大检举案件，经本级税务机关稽查局或者本级税务机关负责人批准，由本级税务机关稽查局直接查处或者转下级税务机关稽查局查处并督办，必要时可以向上级税务机关稽查局申请督办。

上级税务机关批示督办并指定查办单位的案件，原则上不得再下转处理。

（二）检举内容提供了一定线索，有可能存在税收违法行为的，作为一般案件，经本级税务机关稽查局负责人批准，由本级税务机关稽查局直接查处或者转下级税务机关稽查局查处。

（三）检举事项不完整或者内容不清、线索不明的，经本级税务机关稽查局负责人批准，可以暂存待查，待检举人将情况补充完整以后，再进行处理。

（四）不属于稽查局职责范围的检举事项，经本级税务机关稽查局负责人批准，移交有处理权的单位或者部门。

上面是例行的规定程序与举报者的奖励，往往有时举报人并不是一定需要奖励，而是因为矛盾激化导致的。小编接触过几个举报的案例，比如某互联网直销平台，员工将公司账外经营收入一事举报给税务机关，开始税务机关也无法快速找到检查的突破口，后来，因为这种直销平台多是通过快递公司完成的代收款，税务机关通过间接查询快递公司的结算单，一举查到了巨额的账外收入。其实当下，小店经营主如果还以为能够随便做多少收入报税，就跟不上时代了，我们现在的结算，现金越来越少，用微信与支付宝的方式越来越多，这个流水肯定不是个人能删除的，所以税务机关只要一查流水，基本上什么都清楚了。只是对于个人的储蓄账户，并不允许随便检查，依据《税收征收管理法》的

5.4 员工举报企业税务问题会有什么结果

规定：

经县以上税务局（分局）局长批准，凭全国统一格式的检查存款帐户许可证明，查询从事生产、经营的纳税人、扣缴义务人在银行或者其他金融机构的存款帐户。税务机关在调查税收违法案件时，经设区的市、自治州以上税务局（分局）局长批准，可以查询案件涉嫌人员的储蓄存款。税务机关查询所获得的资料，不得用于税收以外的用途。

但是即将修订的《征管法》可能会把这种检查权进一步放松，纳税人的资金流水，很有可能是未来税务检查的主要关注点。

其实收到举报检查的通知，企业也不必过于担心，应当积极面对，评估风险。如果是举报人员夸大其词，企业更需有理有据地提供资料，而从另一方面来看，税务机关也并不一定会突破举报的问题进而检查纳税人所有的经营涉税是否合规，关注举报问题是第一步要做的。在这个环节中，小编认为有主观故意与非主观故意之别，还有就是有的人可能会想一些极端办法，比如销毁账簿然后编造被盗、着火、路上丢失之类的理由，但如果有证据故意为之，也是会有刑事责任的。

对于举报者双方来讲，原因是多方面的。一是基于纳税人本身"身正不怕影子斜"。二是企业要善待员工，即使发生了矛盾，也要积极想办法沟通。比如某企业发生了员工举报企业为员工缴纳的住房公积金不足的问题，就积极化解矛盾，与员工进行沟通，不再追究处理。三是要积极应对，不能糊弄税务机关，更不能威胁，如果矛盾一旦激化，案子从税务机关移交给公安机关，对企业老板就非常不利了。

我们的建议

对于税务举报，企业老板的应对有时并不是非常专业，通过关系并非就能解决，要有理有据地进行应对。但确实存在被举报之后纳税人的公司基本上无法经营的情况，那么只能说，如果以税收违法为挣钱的基础方式，那公司出事只是迟早的问题。

5.5 税务机关的税款追征期限是如何规定的

> **摘要：** 虽然企业欠税，但是如果过了追征期，税务机关依法应该放弃追征，这就是纳税人的权利。知道这个权利，在必要的时候可以保障企业的利益。

这个题目有点大，小编也并非法律科班出身，下面主要结合法律的规定，来看看在不同情形下，国家机关对于纳税人的追征权限是如何规定的。

《税收征收管理法》规定：

第五十二条 因税务机关的责任，致使纳税人、扣缴义务人未缴或者少缴税款的，税务机关在三年内可以要求纳税人、扣缴义务人补缴税款,但是不得加收滞纳金。

因纳税人、扣缴义务人计算错误等失误,未缴或者少缴税款的,税务机关在三年内可以追征税款、滞纳金;有特殊情况的,追征期可以延长到五年。

对偷税、抗税、骗税的,税务机关追征其未缴或者少缴的税款、滞纳金或者所骗取的税款,不受前款规定期限的限制。

《税收征收管理法实施细则》规定:

第八十条 税收征管法第五十二条所称税务机关的责任,是指税务机关适用税收法律、行政法规不当或者执法行为违法。

第八十一条 税收征管法第五十二条所称纳税人、扣缴义务人计算错误等失误,是指非主观故意的计算公式运用错误以及明显的笔误。

第八十二条 税收征管法第五十二条所称特殊情况,是指纳税人或者扣缴义务人因计算错误等失误,未缴或者少缴、未扣或者少扣、未收或者少收税款,累计数额在10万元以上的。

第八十三条 税收征管法第五十二条规定的补缴和追征税款、滞纳金的期限,自纳税人、扣缴义务人应缴未缴或者少缴税款之

5.5 税务机关的税款追征期限是如何规定的

日起计算。

小编曾关注过转让限售股增值税的补缴问题,因为之前国家税务总局的政策中并无相关规定,只有零星的地方税务机关有地方的规定或口径认为要缴纳,在营改增之后,政策才明确之前未缴的按此规定执行,此类情形下,超过5年就不能再追征了。通常来理解,除偷税、抗税、骗税之外,就是三年或五年的追征期。

但是这个追征期如何确定起始点与截止日,可能很多人并不清晰,现实当中颇有争议。较一致的观点是,以税款应缴纳的截止日的次日为起始点,比如次月纳税申报结束日的次日,或者是汇算清缴结束日的次日,通常是次年6月1日。而截止日是指开始向前追溯之日,这里主要有开始检查之日、发现问题之日与作出税务处理决定之日之争,各种分析与依据不一,甚至律师、税务机关稽查部门的意见也并不统一。但对纳税人来说,需要考虑在最不利情形下的风险应对问题,此处并没有最终的结论。

我们的建议

税务机关在检查纳税人的税款缴纳情况时,发现对于耕地占用税,纳税人并没有故意编造假账偷逃税款(目前征管法上仍未有与刑法一致的逃避缴纳税款),只是不知道需要缴纳,在此类情形下，如果超过5年，纳税人就可以行使该权利。还有的情形是税务机关追补税款，比如对于限售股股票的营业税的追缴，原来就没有政策，只是后来在营改增的政策中明确过去的业务也要计缴营业税，于是开始了大范围的追征，此时纳税人也可以充分利用该政策，确定是否有超过5年的情形存在，如存在，则税务机关也不能追征了。

PART 6

老板还需了解的税收规划问题

6.1

家族企业成长中的财税权责风险

> **摘要：** 家族企业的发展成长有天然的一致性，但是随着企业的成长，其权利、财富、人事等一系列问题会逐渐暴露出来，处理好家族成员关系，也是创业人要提前考虑的事项。

家族企业规模尚小的时候，大家很努力、很齐心，但是企业做大了，有利益了，分家或内讧就很容易发生。对于家族企业的财富管理，比较多地采用信托之类的方式，比如大家熟悉的李嘉诚，SOHO中国董事长潘石屹、张欣夫妇，龙湖地产掌门人吴亚军和前夫蔡奎等。设立信托的目的有三：一是财富传承，二是确保安全，三是减少纷争，这跟大家接触到的国内信托不大相同，因为国内信托发展历史短，信托是基于信托与受托品牌的保障在前，国内信托更多是融通资金的一种投资渠道。

对于家庭企业的财税管理与监督，我们并不以信托来展开说明，而且大多数的中小企业也没有设立信托的必要。这里，与大家分享一个小编最近接触的案例，单单这些日常发生的涉及钱、物的事，就足以影响到家族企业的成长与发展了。

这是一个家族共同参与管理的企业，股东涉及家族多名成员，但是日常的事务管理由A负责，公司的会计由B的女儿担任。在经营过程中，A通过交易转让了部分股权给市场上的第三方，溢价部分做了相对应的比例与成本扣除后，分给了其他股东。但在后续过程中，税务机关开始追缴上述股权转让所得的个人所得税，因为要"割肉"，大家开始认真起来，后来发现一个问题，真实的股权转让价格高于展示给大家看的协议约定的价格，这个协议是形式协议，双方背后还有一个补偿协议，但是A解释补偿协议不存在，同时大家发现，公司的股份早在几年前就已变更到A的名下，大家早已不是真实的股东了。

从案例中可以发现：

（1）股东成员的权利受到了侵害，比如股权被悄悄转让了，这儿明显是有商业欺诈的问题。但是问题发生后，碍于家族成员关系，又不宜马上进行诉讼。对此，该如何防范？

（2）对于"阴阳合同"，其他家族成员很难及时发现。

（3）作为会计人员，平时因为没有监督，公司的资金、交易也很难公示给大家，在权力的"滥用"下，必然会发生各种问题。

如果遇到这种情况，你会如何处理？如何保障自己的权益，同时也恰当处理好亲情的关系呢？对于小企业来讲，资产安全、运营合伙是第一要考虑的，配合的方式有财税、工商方面的保护措施，比如上面提到的，股东身份在不知情的情况下被转让，这是对于个人财产的侵害，但是有时我们又不能对再次转让发起追偿，因为对方可能并非知情人，其在法律上是受保护的。企业的财税信息如何及时传递给大家并保证信息真实，这就涉及独管与分管的设置问题，在没有发生问题之前，公司制度还是需要设置得复杂一些。

在上面的案例中，家族其他成员在分钱的时候，并没有考虑自己是否有转让签字的问题，也没有考虑是否有合规缴税的问题，结果多年之后被税务机关要求补缴税款，本来分的钱就可能被"阴阳合同"劫了一道，再补20%的个人所得税税款，就更心疼了。

在会计"一手抓"的情形下，既做账，又管钱，这就不好控制了，必要时设置多岗位分工管理公章、财务章、网银权限等，也是比较现实的一种方式，虽然工作效率会下降，但是至少保障了相关人的财产安全。

我们的建议

本身家族企业的共管就是一个很难解开的"结"，更多人关注的是自己的利益，运营规划也往往会失去方向，甚至夫妻创业，却在上市后离异，这种事也时有发生。小编在此方面并非专业，借此事项，给老板们提供些许思考，对自己人、对职业经理人，都需要"先小人，后君子"，先想好应对之策。至于市场上一些筹划专家提到的学习李嘉诚信托安排之类，多有忽悠之嫌，毕竟自己的这点产业，并没有必要，或者境内的资产无法适用外部的法律规则来自由设置。

6.2 税收对家族财富管理的影响

> **摘要**:"家族财富管理"是近年来兴起的一个名词,一方面显得很高大上,同时又很神秘,特别 CRS 推进以来,众多高净值人士开始关注其国内资产的安排,海外投资的运营及子女学习就业的问题。本文就相关事宜同大家谈一谈。

1. 家族财富管理的背景

改革开放以来,催生了"先富起来"的一波以企业主为主力军的高净值人群,伴随这批创富一代集中步入退休年龄,中国家族财富"保护和传承"的需求日渐凸显。

此外,互联网、人工智能和医药行业等行业的发展,导致了

"行业新贵和创富一代"的涌现。他们往往受过良好的教育，更加注重个人财富和企业的隔离，也更加注重财富的传承。BCG（The Boston Consulting Group，波士顿咨询）和兴业银行发布的《国内财富传承市场发展报告：超越财富承启未来》数据显示，截至2017年底，中国大陆身家超千万的"高净值家庭"数量达到186万，拥有超过60万亿元可投资金融资产。

对于现阶段的家族财富拥有者和高净值个人来说，合理配置资产、发掘新的价值增长点将是未来财富保值增值的主线。在这样一个趋势下，企业经营资产管理和企业主私人财富管理进入了新的高速发展阶段，财富管理也成为高净值人群的刚需。对于企业的经营，更加看重资产管理；而对于高净值人士和家族，则侧重的是财富管理。

相较于资产管理，家族的财富管理以客户目标为导向，看重税后资产积累，也就是所谓的税收非中性，因为对具体客户而言，其目标除保值、增值或传承外，可能还有节税要求。

表6-1列出了资产管理和财富管理的区别。

表 6-1

异同 \ 分类型	资产管理	财富管理
咨询范围	针对性	全面性
	金融资产	生命资产负债表
管理方法	标准化	个性化
	收益率导向	客户目标导向
	定期税前收益	税后资产积累
客户信息	几乎无限制	个体的复杂性
	同质化	客户目标多元化
	高投资附加值	有限的投资附加值
	心理中性	心理/行为特征
投资限制	静态性	动态性
	无限性	有限性或多阶段性
	税收中性	纳税意识

财富管理的需求催生出一系列为家族服务的机构，如家族办公室、家族信托、财富管理公司、私人银行等，也有律师、会计师和理财顾问等针对财富传承和管理为自己的客户提出服务建议。在过去的几年中，这些机构为高净值人群设计了多款产品，不但用于财富的隔离和传承，也用于节税和避税。这些产品以 2017 年披露出来的"天堂文件"离岸信托为典型代表。在目前的国际环境下，过往的这些架构和产品被 OECD（经济合作与发展组织）

国家和 G20 的最新税收透明化建设的网络所威胁。

2. 高净值人群避税安排和共同申报准则

说到财富的积累和避税安排就不得不提号称要让高净值人士"财富裸奔"的 CRS（共同申报准则）和美国的 FATCA"肥咖法案"。

共同中级准则（Common Reporting Standard，CRS）是由 OECD 推出的、用于指导参与的司法管辖区按照统一的原则和标准收集金融账户信息并进行定期交换的合规准则。该合规准则的制定建立在此前颁布的美国《海外账户税务合规法案》(Foreign Account Tax Compliance Act，FATCA）等信息共享法规基础之上。CRS 被称为是 FATCA 的全球版本。

简单来说，CRS 是一个构想中的国际税收透明计划。OECD 制定了一个"交换标准"，规定收集哪些信息、如何交换。包括中国在内的一些国家签署协议实施标准，交换信息主体范围已经圈定；各个承诺参与交换的国家（地区）收集上来的信息都要上传到"统一全球系统"中。一个国家（地区）与另外的国家配对成功后，即可在系统中下载所需信息。举个例子，一个中国的高净值人士（中国居民）在瑞士或者新加坡有金融账户，进行储蓄或者投资其他金融资产，那么这个账户的信息就会被账户所在国的税务机关识别出来，交换给中国的税务机关。

各个国家参与 CRS 的信息交换计划的目的就是加强境外税收监管、打击跨境逃避税。

因此，CRS 的实施对那些在海外持有金融资产、利用壳公司进行投资、从事对外贸易业务的企业主，或者已经移民的高净值人群的财富管理和规划会产生巨大的影响。

从私人财富的保全和隔离的角度考量，从纳税的规划和税收的节约考量，从财产的可传承性考量，更加需要专业的人士和专业的服务。

在介绍 CRS 应对的不同服务方案前，非常有必要先行了解境外针对高净值个人课征的税种。

3. 海外针对高净值人群课征的主要税种

（1）个人所得税。对于高净值个人而言个人所得税是主要的境外税种。举个例子，美国个人所得税制度是全球公认的比较完善的制度，其税基非常宽，除了税法中明确规定的免税项目外，其余来源于各种渠道的收入均应计入个人所得，缴纳个人所得税。另外，申报采用综合税制，征管也非常严格，因此高净值个人在海外置业和经营首先要考虑到个税的问题。

具体来看,在境外取得房产就需要缴纳资本利得税。资本利得税是指处理资产后获得收益所需缴纳的税。这里,资产包括有形资产和无形资产,如土地、投资房产、建筑、单位信托和外币等。在境外一些投资热门的国家,出售之前购买用于投资的房产时,资本利得税主要针对出售或转让房产时获得的利润进行征收。例如,根据澳大利亚税法,缴纳资本利得税是所有澳大利亚公民、永久居民、海外投资者的义务。如果不报税,税局可出示罚单,处以相应的罚款。

(2)遗产税。遗产税指的是自然人死亡之后,另一人为拥有、占有或享用死者的财产而须缴纳的税种。一般来说,西方国家(如美国、英国和德国)都会规定一定的遗产税豁免金额,对继承法定金额内的财产给予免税的待遇,一旦超出,继承者针对继承的资产需要缴纳一定的税费。遗产税的金额根据各个国家的国内法规定来确定。

在英国,其继承法规定,只有所继承遗产价值超过32.5万英镑的才需要缴纳遗产税,目前遗产税的税率是40%。

4. 针对高净值人群的服务方案

针对高净值人群财富隔离和管理的需求,也基于CRS的透明化建设给未来高净值人群的税务安排和法律责任带来的一些不确定性，市场上各个机构针对高净值人群提出了不同的规划方案。笔者总结了如下有代表性的观点：

（1）购买海外房产和珠宝首饰。从过去火热的澳大利亚和美国、加拿大房地产到现在火热的欧洲旅游地产、移民地产，还有"一带一路"沿线的泰国、新加坡和马来西亚房地产，一直受高净值人群关注。购买海外房产，特别是豪宅，也是高净值人士比较青睐的一种投资方式。而与此类似的是投资珠宝首饰，某些紧俏的资源（如钻石和彩宝）的升值和保值的空间还是比较大的。

直接持有海外地产和购买持有珠宝，不会被 CRS 的交换体系所波及。但是在传承时要考虑到境外房产传承的遗产税和交易税的问题，特别是境外遗嘱的执行困难和法律风险。

（2）购买境外的保险及其税务影响。购买海外保险的目的在于隔离和保护企业家的利益，也有利于财富传承。最主要的作用在于把责任财产通过保险的方式变成非责财产。同时，保险的作用主要在于财富传承和税收规划，保单的传承不管在中国（中国没有遗产税）还是在主流移民国家都是不征收遗产税的。

（3）购买海外的护照，转换居民税收身份。从税务的角度来说，国籍并不当然等同于税收居民身份。参照国际实践，自然人的居民身份主要参照住所、居所、最密切经济联系和停留时间的标准，在少数国家的司法实践中会参照国籍。因此，单单持有护照而不去实际定居并且没有停留到规定的时间，都不能够获取居民身份。因此，以购买护照的方式规避CRS从而达到海外避税的实用意义不大，即使真的能规避，也会为此影响到高净值人士正常的生活和居住。

（4）利用离岸信托进行资产隔离。利用离岸信托的架构进行资产隔离和财富传承已然成为目前高净值人士追捧的一种方式。离岸信托的优势在于私密性较好，用信托的架构可以有效进行资产管理和财富传承，但是由于在CRS项下的信息交换的新要求，需要将信托项下的设立人和受益人的金融账户信息加以披露，因此信托已经不能作为一个单纯的避税工具。高净值人士要注意信托下的纳税和合规的义务。

（5）利用信息不交换的关系存款和投资。对于在CRS框架下利用不交换的关系规避信息披露的行为，OECD目前已经设置并且在不断设置一些障碍。因此，在选择海外资产配置的国家时要慎重选择不交换信息的国家，即使这些国家现在没有加入CRS的信息交换体系，也不代表未来不会加入。在全球税收征管透明化的大趋势下，未来OECD对于税收情报交换会进行包容性扩围。因此，利用不交换的关系做短时间的规避是可以的，长期来说会面临极大的不确定性。

我们的建议

高净值人士在选择资产管理方式和财富传承上需要综合考虑反洗钱和外汇管制的法律风险、居民税收身份的设计和规划、资产隔离和传承的有效工具，以及税收上的影响。

由于这些事项过于繁杂，并且有相应的专业要求，特别是通道搭配的对接上，需要咨询专业人士进行提前安排，比如有哪些资产在移民后可能不在美国征税，也是一个很现实的问题。

6.3
让政府补助离我们不再遥远

> **摘要:** 当下国家对于高新技术、创业园区等都给大量的政府补贴,企业除了借款、引入投资人融资之外,也可以考虑这方面的政府支持资金,而且基本上不需要归还。还有一些企业上了"新三板"、主板等,地方政府也有一些奖励措施,但是如何获取这些财政性资金支持呢?我们将为你提供一些建议。

2018 年以来,国家接连发布减税新政,"税率改革""税收优惠七连发"等努力的为企业减轻税收负担。但除了减税政策外,你有没有听说过国家给企业"送钱"的呢?

Wind 资讯曾统计过,仅 2016 年上半年,绝大多数的上市公司都拿到了政府送出的"红包",合计金额将近500亿元,这个"红包"其实就是政府奖励。很多人误认为,政府补助都是针对大型企业制定的,对于中小型私企、民企来说,简直是遥不可及。其实政府补助的形式多种多样,只要多留意,离我们并不遥远。

那政府补助到底是什么意思呢?简单来说,就是政府以各种各样的方式为符合条件的企业"送钱"。

政府补助最常见三种形式,具体说明如下:

第一种形式,也是企业最需要的形式,就是政府无偿给符合要求的企业支持款项,金额不等,根据扶持行业和扶持内容,补助款从几千元到几十亿元都有可能。例如制作《熊出没》的深圳华强方特文化科技集团股份有限公司,在2011年至2014年上半年,已获得近30亿元的政府补助。

第二种形式,现金流紧张的企业一定要留意,就是政府以贷款贴息的方式给企业补助。符合条件的企业向金融机构借钱,政府来帮你偿还一部分乃至全部的贷款利息,这种方式能够有效地为企业减轻资金压力。

第三种形式,就是政府以股权投资的形式对企业进行补助。目前越来越多的扶持资金方式由补助投入改为股权投入,把原来以给企业的补助、奖励、贴息等形式直接拨付给企业的资金，转化为政府以股权的形式对企业进行投资，与被投资的企业共同承担风险，同时也共同享有收益。但是这种方式实际上并不属于传统意义上的"无偿补助"，企业在申请时应结合企业经营规划考虑，而不是一味盲目申请。

以上三种是对企业补助力度最大，也最常见的补助形式，除这三种形式以外，还会有各种各样的补助形式，比如基于企业获得的资质、专利给予补助，比较常见的是企业获批成为高新技术企业，地方政府常常会给一笔无偿的补助。比如注册在北京市顺义区的高新技术企业，可得到10万元的补助，还有一些地方政府会提供房租补助、高级人才补助等。

那么，企业如何获取政府补助资讯呢？一般有以下几种方式：

第一种方式：咨询当地政府

企业可向注册地区的政府招商部门、科技等部门咨询，建议去要一份比较全面的补助政策，可根据自身的情况在规定时间内进行申请。同时也可以养成定期浏览相关网站的习惯，在第一时间获取最新的政府补助资讯，通过这种方式获取到政府补助信息，大多是一些"因地制宜"的补助，金额可能不大，但是受益面比较广。

第二种方式：关注国家部委网站

通过定期浏览科技部、工信部、发展改革委、财政部等网站的方式，获取资讯。以上部委网站上发布的政府补助，金额通常较大，同时对企业的要求也高。

第三种方式：关注第三方信息平台

企业可以通过关注第三方信息平台的方式去获取政府补助信息，第三方包括微信公众号、相关网站等，也可以主动和第三方沟通，将自身所处的行业、注册地区、企业规模等信息告知对方，由第三方推送和企业相关补助信息。

选择这种方式更加便捷，企业可以直接获取补助资讯。但是由于存在地域差异，第三方信息平台往往不能涵盖全部地区的补助事项。

企业在看到政府补助资讯后，就可以进入申报流程了。我们以申请"深圳市经贸信息委2018年度深圳市技术改造投资补助项目"（以下简称"技术补助"项目）为例，带您了解如何申报。

首先，我们需要通过政府发布的补助信息，判断企业是否符合该"技术补助"项目的条件。

比如在该项目中提到的申报条件：

（1）申报单位是在深圳市（含深汕特别合作区，下同）注册的独立法人工业企业；

（2）申报项目实施地在深圳市；

（3）申报项目所属行业不属于国家、省、市产业导向目录中的禁止类和限制类，且申报项目不属于政府投资建设项目；

（4）按《深圳市企业技术改造项目备案管理实施办法》（深经贸信息规〔2017〕3号）规定在市企业技术改造项目备案系统中备案；

（5）申报单位持续诚信合规经营，具备开展申报项目的生产、经营资格和实施条件。

参照以上申报条件，我们可以看到，项目的申报条件通常涉及以下方面：

（1）地理要求（注册在深圳市）；

（2）企业类型要求（独立法人工业企业）；

（3）行业要求（不属于禁止、限制、政府投资建设项目）；

(4）资质要求（技术改造备案）；

(5）其他要求（该项目其他要求）。

其次，企业若符合以上条件，再关注一下项目在设置上的支持领域：支持工业企业运用新技术、新工艺、新设备、新材料对现有设施、工艺条件及生产服务等进行改造提升，重点支持智能制造、绿色制造、服务制造、时尚制造、安全制造等五大发展方向；支持智能化工厂、数字化车间、工业互联网改造建设，支持节能节水技术改造，支持固体废弃物综合利用和淘汰落后设备提高安全生产能力等。

如果企业属于以上领域，那可以着手准备资料了。具体资料和申报方式也会一同发布，常见的资料有申报表、企业证件、财务相关资料（财务报表、各项财务指标、涉税资料等），项目相关资料（技术资料、证明、文档说明等）。企业一定要按规定的内容进行准备，不能随意少交、漏交资料。

最后，资料准备好后，企业按规定的时间及方式进行申报即可。如企业申报成功，该项目对于单个企业年度资助最高可能会达到 1 000 万元。

看到这里，有的企业可能会疑惑，申请政府补助有这么简单吗？查查网站，报报资料，大把银子就到账了？

其实绝不是这么简单的，我们来盘点一下申请政府补助过程中的常见误区。

误区一：只要符合条件了就一定会得到

我们理解企业在申请时做的一系列资料准备工作，但是大部分的政府补助，绝不是你申请就一定会有的。我们看到一部分的补助形式是，政府承诺只要企业符合一定条件，就可以享受的，但往往金额不大；而实际达到一个量级的政府补助，往往是评选制，即在一批符合条件的企业中，选出发展前景好、更适合扶持的企业。

误区二：申请到的政府补助可以随意使用

在实际中，很多企业申请到了政府补助款，但往往疏于后续管理。可能你会疑惑，我都已经收到政府的钱了，为啥还要管理呢？

因为我们收到的绝大多数的政府补助，都要求企业"专款专用"，也就是钱要花在补助部门所规定的用途上。以深圳市"技术补助"项目为例，成功获得补助的企业，要将取得的资金主要用于"生产、检测、研发设备及工器具，配套软硬件系统的购置、改造与安装工程费，对生产环境的进行改造的建筑工程费等形成固定资产的投资"。

有的补助部门会在项目结束前，进行相应的检查工作，严格的还会请审计公司进行款项用途的审计，如果发现企业并没有将款项用在规定的用途，还会要求企业退回补助款。

误区三：直接委托中介申请

有的企业没有配置专门申请政府补助的部门及人员，往往会通过聘请第三方中介的方式代为申请。这些中介通常的运作模式是成功申请到补助款后，收取20%的服务费，如果企业没有申请到，则无须支付服务费用。在这种模式下，不少企业直接委托中介申请，对于申请资料的准备"不闻不问"，导致申报的资料严重脱离企业的实际情况，留下"骗补"的风险，给最终的验收增加了难度。

企业在申请时，不是不可以找中介，而是要经由专业人员的指导，更高效地了解、准备符合要求的申请资料，一般补助金额越大，要求企业自身的投入也越高。例如，某技术扶持资金可能在奖励100万元的同时，还会要求企业在未来三年达到1亿元的自有资金投入。

我们的建议

我们在享受政府发给"红包"的同时，也要了解补助的性质和要求，一定要避免用不实的资料去骗取补助，并做好款项的后续管理工作，同时也要利用好社会信息服务平台，以及第三方中介的力量，尽量为企业争取最大的利益。

下面小编从涉税方面提示一下：

（1）如果是政府直接给的奖励或招商补助，或者是特别项目的补贴，这属于政府补助，在没有特定要求专款专用之时，仍然需要计缴企业所得税，因此如果当期有所得，有一部分资金还要缴税，因此需要考虑适当安排支付。增值税是不需要缴纳的，有时发放补贴的部门会索要发票，此时不宜开具，因为并不是增值税的应税行为。

（2）如果是政府投资或补贴，则相对好处理一些，比如有的创业公司就接受了政府性基金的投资，这一点，对于创业初期的公司来讲，需要考虑股权的比例问题。

因此，创业人要思考如何增加企业认知度、品牌价值，从而加大未来的政府鼓励力度，主动与资本对接。至于有一些企业通过虚假手段骗补，的确时有发生，这也是需要相关部门强化审核的地方。

6.4 企业被收购或接受增资情形下如何纳税

> **摘要：**一个企业单靠自己的努力是很难成长起来的，现在的竞争非常激烈，企业要借力资本。一个企业被收购也好，被注资也好，都是一种价值的交换，但是在税的处理上，特别是在个税的处理上，这两种方式的处理却不尽相同。

现实当中，真正自己壮大成长为伟大企业的案例还是少数，很多企业都是在不断融合、合并中走向终点的。于此，现实中会接触到很多股权变更的问题：

（1）因为近亲属之前的财产分配、继承、赠予等原因进行的变更；

（2）因为引入新的投资者发生的变更；

（3）因为股东退出发生的变更；

（4）因为被合并发生的变更；

（5）因为诉讼产生的法院判决变更等。

在这儿我们主要关注一下个人投资者发生变更或引进投资者的情形，这两者之间还是有非常明显的差异的（见表6-2）。

表6-2

情 形	描 述	分 析
转让股份	个人转让股份，个人直接变现，取得对价，溢价部分属于个人的所得，需要计缴个人所得税	溢价部分归个人，个人即时可以确定所得，并据以产生应税义务
增资稀释股份	第三方注资进来，相应占有一定比例的股份，溢价部分计入资本公积，并存在于被投资公司可支配的资产中	注资资产留存于被投资企业，此时虽会稀释原股东股份，但并不必须被认为是原股东转让股权

我们先来聊一聊股权转让的涉税事项（见表6-3）：

表6-3

税 种	计税方式	备 注
个人所得税	按股权转让所得20%计缴	对于原值凭据，税务机关往往关注价格是否公允，在被转让公司所在地计缴
印花税	按转让价格的万分之五计缴	由交易双方缴纳

目前来讲,股权转让并不缴纳增值税,这一点,在未来可能会存在变化,下面我们再来看看增资的问题:

增资并不是接受增资企业的所得,不存在企业所得税,同时企业只需要就增资部分计缴印花税,按万分之五的50%计缴。于此,大家可以发现,增资中并不存在个人所得税的问题。但是,有观点认为,相对于原来的投资者来讲,增资本身稀释的股份是股权转让,这是明显的误解。在当下并没有存在质疑其公允交易的规定与反避税法治基础之前,所谓的征税是某些专家或人员想出来的,小编并不认同,尽管有其理,但并没有其规。

对于"公允增资"与"不公允增资"的问题,我们用表6-4加以说明:

表6-4

类型	现状	增资方式	认为有征税问题的情形
公允增资	原出资100万元,对应公司当时的公允价值是200万元	增资200万元,100万元占股,另100万元算贡献入在资本公积	认为转让了其中的一半,名义比例降低了就是转让了,这是逻辑错误,只是比例降,原来的东西没有少
不公允增资	同上	增资100万元,占50%份额	认为低于公允价的部分是利益转移,视同转让,这是认为价格不公允的问题,也没有依据得出此结论

其实大家主要明确一点：什么是个人所得？如果一个公司不断有利润增加，但就是不分红，此时是不是也认为个人实现了所得呢？非也。只有分配股息红利了才是个人所得，彼此的利益是分离的。所谓的不公允增资，也是有其合理商业因素的，比如新进来的投资者就是业务能力强，会持续推进公司业务快速发展，目前关于所谓的稀释视为转让的观点，试问，我们的上市公司有定向增发，也有一些创业企业引入高溢价的风投，有几家缴过税？又有几家被税务检查要缴税？所以大家日常接触更多的是"小企业"的问题，因为没有所谓的力量与影响力去做应对，有时也认识不到位，如果对于一个上市公司出现这样的征税结论，估计媒体也会对此做扩大化解读，相应的责任是担不起的。

相信涉及股权转让，对于股东来讲，缴税心里会有一些"不舍"，这里面要考虑两个因素：一是，对方愿不愿意考虑个税问题并且多付款，因为未来税务检查找到的被转让企业，后面的股东仍需要面对这个问题，虽然并不是纳税人，但是有代扣代缴的法定义务。二是，可以考虑在转让前规划调整投资主体，比如个人转到公司、合伙企业等。

对于股权稀释，将其视为一个风险事项管理即可，如有挑战，可以从容应对，但是从个人所得税法修订来看，随着反避税手段的加入，会产生对税务机关有利的转化。

6.4 企业被收购或接受增资情形下如何纳税

我们的建议

小编曾接触过案例，某老板想通过"阴阳合同"转让股权，即一部分钱通过正式合同签订结算，另一部分通过私人账户结算。对于这种情形，私人账户结算确实没有纳入正常可行的检查范围当中，尽管有的地方也试点与税务机关交换信息，只是小编认为，在征管法没有授权之前，纳税人的信息应受到尊重与保护。这种订立"阴阳合同"的方式是明显的偷逃税款行为，只是税务机关单独行动是不好直接检查出来的，而是需要多部门合作方有成效。小编倒认为，减少用"野蛮"的方式筹划纳税，或许也是企业家们迈向更大成功的开始。

6.5

在新三板上市对企业的纳税影响

> **摘要：** 新三板当初"一火不可收拾",现在进入了迷茫期。毕竟新三板的流动性比较差,而实现转板的机遇又迟迟未到,以致企业的遵从成本居高不下。虽然当时上市之时名声不错,可能也获得了一些政府补贴,但是有一个致命的问题:对新三板企业的税务合规要求非常严格。

有一天,一位朋友在聊天时,说:"现在新三板的业务为什么越来越少了呢?我们做会计审计的不得不转行了!"小编在想,上了新三板,企业得到的是什么呢?

当下,新三板上市公司已达 11 000 多家,这么多的上板企业,大家的收获有哪些呢？想必新三板是企业家想获得价值体现、品牌认可的平台。

依据《全国中小企业股份转让系统业务规则（试行）(2013修订)》的规定，新三板的上市条件是：

股份有限公司申请股票在全国股份转让系统挂牌，不受股东所有制性质的限制，不限于高新技术企业，应当符合下列条件：

（一）依法设立且存续满两年。有限责任公司按原账面净资产值折股整体变更为股份有限公司的，存续时间可以从有限责任公司成立之日起计算；

（二）业务明确，具有持续经营能力；

（三）公司治理机制健全，合法规范经营；

（四）股权明晰，股票发行和转让行为合法合规；

（五）主办券商推荐并持续督导；

（六）全国股份转让系统公司要求的其他条件。

《关于修订〈全国中小企业股份转让系统股票挂牌条件适用基本标准指引〉的公告》（股转系统公告〔2017〕366号）将上述"（二）

业务明确,具有持续经营能力"细化为:

(一)业务明确,是指公司能够明确、具体地阐述其经营的业务、产品或服务、用途及其商业模式等信息。

(二)公司可同时经营一种或多种业务,每种业务应具有相应的关键资源要素,该要素组成应具有投入、处理和产出能力,能够与商业合同、收入或成本费用等相匹配。

(三)公司业务在报告期内应有持续的营运记录。营运记录包括现金流量、营业收入、交易客户、研发费用支出等。公司营运记录应满足下列条件:

1. 公司应在每一个会计期间内形成与同期业务相关的持续营运记录,不能仅存在偶发性交易或事项。

2. 最近两个完整会计年度的营业收入累计不低于1 000万元;因研发周期较长导致营业收入少于1 000万元,但最近一期末净资产不少于3 000万元的除外。

3. 报告期末股本不少于500万元。

4. 报告期末每股净资产不低于1元/股。

(四)持续经营能力,是指公司在可预见的将来,有能力按照既定目标持续经营下去。公司存在以下情形之一的，应认定为不符合持续经营能力要求：

1. 存在依据《公司法》第一百八十条规定解散的情形，或法院依法受理重整、和解或者破产申请。

2. 公司存在《中国注册会计师审计准则第1324号——持续经营》应用指南中列举的影响其持续经营能力的相关事项或情况，且相关事项或情况导致公司持续经营能力存在重大不确定性。

3. 存在其他对公司持续经营能力产生重大影响的事项或情况。

大家可以发现，上新三板的条件相对是比较轻松的，而且各地对于上板企业都有相应的政府支持与鼓励政策，包括财政补贴的发放。但是大家要注意，要上板，必须考虑两年之内的合规性问题，很多企业存在收入未完整入账而重新补录、申报收入补税的情形，此时多有滞纳金但没有罚款，毕竟是企业自愿主动地补交税款，且有一些是时间上的调整问题。

不过，问题是什么呢？

从此之后，合规是第一要素，收入完整性一般会受到审计的复核，相对于这10 000余家企业来说，无形中减少了税务机关稽查检查的付出，效果是非常明显的——从此对这些企业，基本上不大用操心税的事了，作重点检查形式管理就可以了。这是新三板的一大功劳。

还有一个问题，就是信息的完整披露。有一些企业，可能还游存于一些不宜公开的业务链条中，一公开，有一些业务就说不清了。比如对于税务师事务所来讲，一单收入超过500万元，就会引起很多人的关注，而且合伙人的收入是多少，会披露得完完整整的，而另一方面，价值的流通比较缺乏，员工持股还是体现不出流通的溢价价值，故此一些企业已自动退市了。

不过，也有个别企业是为实现转板目标而去的，但机会相当少，当前来看，尚没有很好的流通性，这就很难带来投资价值。

因此，企业家要分析自己的企业是不是有必要上板，上板之后对于自己的商业与信息的影响如何。纵然上市极可能会得到远超投资收益率的溢价，但是大家也可能发现，像华为这样的公司是采用了另外一种内部融资的方式来进行利益绑定，实现自我融资功能的。当然，对于一个创业人来讲，必要时要考虑一下保守的存在价值。

我们的建议

一个公司做到上市，是成功的体现，不然也不会有这么多的

6.5 在新三板上市对企业的纳税影响

企业争相上市。上市公司的品牌、影响、合规化，都有利于业务的未来发展。但是对于老板来讲，要想清楚，比如我们现在知道有一些公司利用"渠道"上市，以虚假数据上市，本身压力也是很大的，对此老板需要从长计议。

在上市过程中，需要薪资透明化、社保支出透明化、环保等透明化、合规化，企业也要考虑利润的承受能力。好在，上市的过程中，很多公司也能较好地享受与利用高新等税收优惠，在争取地方财务奖励方面得到支持，这一点，值得创业者多加关注。

6.6 收购个人股权再转增股本（分红）时特定情形不再计缴个税

摘要： 股权转让后带来的分红，纳税人是转让人还是接受人？关于这一点，很多人感到迷惑。

个人在转让股权时，其对应的股息红利到底属于转让人还是接受人呢？大家可以想一想，上市公司是如何操作的，估计就可以轻松理解了。

小编曾经经历过一件事。有一天，小编接到老友电话："我们公司的股权转让了，可是我们搞不清楚，公司账面上累计未分配的利润是属于老股东的还是新股东的？"

6.6 收购个人股权再转增股本（分红）时特定情形不再计缴个税

小编是这样解释的：公司在转让股权时，相当于资产、负债都按交易价格卖给对方了，此时相应的净资产（含未分配利润）自然是属于受让方的。此时，如何判断这个股息红利所得的个人所得税承担主体呢？

例如，张三的公司在 2018 年 6 月 30 日转让时，出资额是 100 万元，留存收益是 50 万元，此时张三在转让时按照 50 万元（150-100），以 20% 计缴个人所得税。受让方李四在 2018 年 7 月决定分配此股息红利，李四想："原来的股东已缴纳过此部分的 20% 的个税，相当于我已付款给张三缴纳了税款，不应该再让我缴税啊！"对此，应该说之前确实存在重复计税的问题，但之后的法规考虑到了这种特定情形，进行了明确。

根据《国家税务总局关于个人投资者收购企业股权后将原盈余积累转增股本个人所得税问题的公告》（国家税务总局公告 2013 年第 23 号）：

一、1 名或多名个人投资者以股权收购方式取得被收购企业 100% 股权，股权收购前，被收购企业原账面金额中的"资本公积、盈余公积、未分配利润"等盈余积累未转增股本，而在股权交易时将其一并计入股权转让价格并履行了所得税纳税义务。股权收购后，企业将原账面金额中的盈余积累向个人投资者（新股东，

下同)转增股本,有关个人所得税问题区分以下情形处理:

(一)新股东以不低于净资产价格收购股权的,企业原盈余积累已全部计入股权交易价格,新股东取得盈余积累转增股本的部分,不征收个人所得税。

(二)新股东以低于净资产价格收购股权的,企业原盈余积累中,对于股权收购价格减去原股本的差额部分已经计入股权交易价格,新股东取得盈余积累转增股本的部分,不征收个人所得税;对于股权收购价格低于原所有者权益的差额部分未计入股权交易价格,新股东取得盈余积累转增股本的部分,应按照"利息、股息、红利所得"项目征收个人所得税。

新股东以低于净资产价格收购企业股权后转增股本,应按照下列顺序进行,即:先转增应税的盈余积累部分,然后再转增免税的盈余积累部分。

二、新股东将所持股权转让时,其财产原值为其收购企业股权实际支付的对价及相关税费。

上面的案例,如果是用50万元转增股本,此时并不需要计缴个人所得税,未来转让股权时,仍按150万元作为扣除的成本。

6.6 收购个人股权再转增股本（分红）时特定情形不再计缴个税

这其中就体现了不重复计税的原则。当然，如果新股东计缴了股息红利的 50 万元个税，也需要加到 150 万元成本中，按照共计 200 万元的成本处理。

要特别注意，上述文件并没有提到股息红利分配的情形，那么，保守的处理就是计缴分配 50 万元时的股息红利个人所得税（20%），未来转让时，成本仍是 150 万元。分配股息红利跟转增股本的差异在于，钱是不是仍留在企业的账面上：留，则公司价值大；不留，则公司价值对应减少。如果未来再次转让价格为 300 万元，如果留 50 万元留有收益，可以转 350 万元。

在第一个环节，张三转让股权时，是属于财产转让所得还是股息红利所得呢？显然它并不属于法定的股息红利，因为并没有公告分配，而容易让老板们迷惑的是，这部分就相当于是股息红利，之前《中国税务报》刊登过一篇文章《简单的股息分红竟惹来行政复议——股权转让：究竟谁是纳税人》（详见附文），读者对此也有不同的意见。小编不确定其究竟是真实发生的情况还是仅仅为案例探讨，也并不十分认可其中的观点。

个人股权转让，正在受到日益严格的税务监控与风险管理，工商部门与税务部分也会实现信息共享，有的地方甚至将税务检查作为工商变更的前置程序与条件，如在一个联合办事大厅中，更可能一并处理。

我们的建议

对于个人股东转让股权，无论接受人是个人还是企业，都面临代扣代缴的法律责任问题，即其中如果涉及所得，是需要计缴个税的。但个人作为扣缴义务人，往往执行当中没有做到位的多，而转让方一走了之，也难主动去计缴个税。小编想说的是，对于股权受让人来讲，未来再转让股权时，税务机关的人员可能提出要就此事承担法律责任，比如补税。其实这是纳税人的事，扣缴义务人只有罚款的问题，可是现实当中相关人员会混淆处理，这种做法根本就是不对的。

所以，受让人在购买股权时，要充分考虑交易对手的主体身份。如果转让方是个人，则必须谨慎明确纳税义务，而且建议最好是缴纳了，因为未来极有可能会旧账新账一并算到受让人或被转让的企业身上（找股东补税）。实际征管当中，被动的情形往往还是发生在企业或责任股东身上。但是如果转让方是企业，就不是问题了，企业是自行计算所得税，并不需要扣缴。

6.6 收购个人股权再转增股本(分红)时特定情形不再计缴个税

附:

股权转让之祸:谁是纳税人[1]

一户企业的甲股东将其持有股份以股本+待分配股息红利的方式转让给了乙,并就其所得申报了个人所得税。乙拿到股息红利后,还需要缴纳个人所得税吗?就这个问题,近日当事人通过行政复议途径向A市B区地税局提出了质疑。

A市B区地税局C分局税收管理员小张最近有些郁闷,他没想到一个看起来简简单单的有关股息分红的税务处理,竟然惹来了行政复议,让自己和C分局陷入被动境地。

一个税务处理:

让取得企业股息分红的股东缴纳个税

在小张分管的片区内,有一户企业——D公司最近派发股息红利。这引起小张的高度关注。仔细梳理比对相关信息后,小张发现D公司股东陈某在分得50万元的股息红利后,没有按照税法规定申报缴纳个人所得税10万元。

---

[1] 朱瑞国,邢小华.股权转让之祸:谁是纳税人[N].中国税务报,2017-03-21.

小张马上联系D公司，核实确定该公司没有为陈某代扣代缴相关税款。之后，小张联系陈某，告知其取得50万元股息红利后应履行的纳税义务，得到的回答却是："我虽然分到了50万元的股息红利，但这笔红利的纳税人并不是我，而是前股东李某，李某将股权转让给我时已经缴税。"

为弄清楚实际情况，小张调取了有关股权转让的协议和纳税资料。股权转让协议里写明：股权出让人李某因身体原因不能继续参与D公司经营，故将自己持有的公司股份转让给陈某。股权转让时，李某请求分红，而D公司暂时没有分红意向。经过协商，李某和陈某达成一致，以转让当期会计报表账载的未分配利润为基数，对李某享有的对应未分配利润50万元，一并转让给陈某。故陈某除了向股权出让人李某支付股本100万元之外，需另行向李某支付未分配利润50万元。税单资料显示，李某当时确实就这50万元转让额申报缴纳了个人所得税10万元，由D公司代扣代缴，只是申报的品目是股权转让所得。

李某的所得是股权转让所得，缴纳的是股权转让所得个人所得税。陈某拿到的是股息分红，应缴纳的是股息红利个人所得税，况且纳税人不同，陈某怎能"张冠李戴"？这样思量后，小张整理D公司的分红决议和银行转款单作证据，将情况汇报给C分局管理科。经过进一步调查核实，C分局向陈某发出《税务事项通知书》，要求其就 50 万元股息红利所得申报缴纳个人所得税，同时对 D 公司未履行有关代扣代缴义务的行为另行处理。

纳税人申请复议：

"该缴纳这笔税款的人不是我"

陈某对此处理不服，在缴纳有关税款后向 B 区地税局提出了行政复议申请。

申请人陈某在复议申请书中主要申明了三点内容：一是申请人不是纳税争议涉及的 50 万元股息红利的纳税人。因为该 50 万元分红是分配给前股东李某的，故李某才是正确的纳税人，且李某已经为该笔分红缴纳个人所得税 10 万元。二是纳税争议涉及的 50 万元股息红利之所以直接支付给了申请人，是债权转让的结果。D 公司应分配给前股东李某的 50 万元股息红利属李某拥有的债权，只是因为在股权转让时该笔债权尚未到期，即 D 公司未到股息红利分配时间，所以李某转让股权时一并将该预期债权转让给了申请人。三是债权是平价转让，申请人从中并没有获得所得，故不需要缴纳个人所得税。综上所述，申请人不是该笔股息红利的纳税人，故请求撤销被申请人作出的《税务事项通知书》，并将征缴的税款退还给申请人。

C分局回应：

让陈某就股息红利所得缴税有根据

收到陈某的复议申请，B区地税局立即组成行政复议委员会对本案展开复议。

复议过程中，被申请人C分局对申请人的请求逐一予以回应。

第一，申请人是D公司的股东，其存在股息红利所得，应该就其所得缴纳个人所得税。D公司本次股息红利分配决议列明申请人取得股息红利50万元，依据个人所得税法第二条、第六条规定，应该申报缴纳股息红利个人所得税。

第二，申请人认为其分配到的50万元股息红利，纳税人是前股东李某，且李某已经就此所得缴纳个人所得税，这是申请人对税收法律的误读。实际情况是，前股东李某转让股权的收入，扣除股本后，剩余所得是财产转让所得，并不是股息红利所得。两种所得虽然纳税税率一样，但针对的纳税环节不同，一个是对财产转让环节的所得征税，另一个是对资本投资环节产生的所得征税。

第三，股权转让所得50万元，并不是因为存在待分配的股息红利，而是因为D公司经营效益好，所以股权转让时可以溢价转让。这就如一家上市公司的股票上涨一样，并非基于该公司的未分配利润,而是基于市场对该公司盈利潜力的预估。故上述两次所得征税环节不同,对应纳税人也不同,申请人是股息红利所得的正确纳税人,应足额缴纳个人所得税。

综上所述,依据个人所得税法第二条、第六条规定,申请人应就所分得的股息红利全额缴纳个人所得税。

复议结果:

撤销 C 分局作出的有关行政处理

前股东李某拿到的 50 万元是股息红利还是转让所得?陈某取得的 50 万元"分红"是基于债权转让还是基于分红?究竟谁是这 50 万元股息红利的纳税人?面对本案事由和争议焦点,复议委员会成员展开了热烈讨论。

讨论明显形成两种观点。一种观点认同被申请人的意见,即认为有关所得是两次所得,纳税人不同,若认定 50 万元股息红利分配的纳税人是前股东李某,则意味着当时的有关股权转让是平价转让。而根据当时 D 公司的所有者权益情况,平价转让是无正当理由的低价转让,按照法规规定需要核定。若核定,依据国家税务总局 2010 年 27 号公告第三条第(一)项,核定转让所得金额是 50 万元,所以不管股权转让当时转让人与受让人协议内容怎么写,核定的转让所得就是 50 万元,不存在所谓的红利预期分配情况。故本次股息红利分配，其股东应该根据分配额全额缴纳个人所得税。另一种观点则支持申请人的意见，认为该笔50万元股息红利分配的纳税人实际上是前股东李某，李某和陈某之间存在一个债权转让的问题。

对照有关法律规定权衡后，复议委员会最终决定支持申请人的意见，撤销C分局作出的相关税务处理。理由有三：一是股权转让时，股东李某能够在股本之外获得50万元，是基于转让时其在公司存在待分配的股息红利。待分配的股息红利是李某取得财产转让所得的基础，故该转让所得实质是股息红利。二是申请人之所以能够从D公司取得本案争议涉及的50万元分红，是因为债权转让。在股权转让协议中已经列明D公司若分配股息红利，则将归属于李某的50万元股息红利转分配给陈某，为此陈某需先行支付给李某50万元。三是本案涉及的50万元股息红利的纳税人是李某，不是申请人。财产转让不仅有股权转让，预期收益也可以转让，本案中申请人作为股权受让人，其在股权受让和本次分红中，并没有取得所得，故不需缴纳个人所得税。

结案思考：

税收执法需要透过表象看实质

复议结束了，但税收管理员小张仍然想不开：明明是两个不同的征税环节,涉及的是不同的纳税人,怎能合在一起考虑?对此,参与此次复议的一些税务人员有同样的疑虑,觉得"张冠李戴"的复议结果存在导致税款流失的风险。

笔者赞同本案的复议结果,认为有关担忧大可不必。理由如下:就本案来看,陈某的主张有其合理性,且符合交易实际。现实中,在针对个人股权交易明细偏低进行纳税调整时,其中一种方式是基于企业净资产进行配比,但实质还是在考虑股权转让人的预期收益。正是转让人存在预期收益,其平价转让股份才属于明显偏低。而预期收益对应的是企业账面上的未分配利润、盈余公积和资本公积,此类权益分配需要缴纳的是股息红利方面的个人所得税。所以,在确认股权转让所得时,应该考虑此类所得的实质。这样处理并不存在税款流失的风险,今后陈某再转让有关股权时,50万元分红所得将不被视为成本,通过税收审核可以保障涉及税款入库。

当前,个人股权转让涉税问题较为复杂,存在"阴阳合同"、现金交易等难以监管的情形,如何去伪存真,需要税务机关练就"火眼金睛"的本事。针对股权转让涉税问题,国家税务总局虽然作出了法律规定,但不可能对各种复杂交易情形面面俱到。因此,实际执法过程中,税务机关在遇到没有明确法律规定的问题时,需要透过表象看实质,兼顾依法征税和维护纳税人的权益。

6.7 如何为员工发放工资最有节税效果

> **摘要**：当下,民营企业在招募高管时,往往承诺支付税后工资,比如税后年薪 50 万元。但是,该如何发放工资,企业承担的个税才最划算呢?下面,小编就与你一起来探讨。

企业在雇佣高管时经常是给"税后价",这说明人家确实具有高管的"水平"。小编曾遇到这样一个案例,某企业老板招了一名财务总监,商量约定如下:税后年薪 60 万元,每个月发放 5 万元。另安排每个月报销餐费 5 000 元,公司提供住所。基于上述条件,暂不考虑社保与住房公积金的影响,计算企业承担的个税如下:

每个月税后工资 50 000 元,倒推应纳的个税是 16 569 元,这相当于企业每年负担的个税是 16 569×12=198 828（元），两者合计为 798 828 元。我们暂且不计算每个月报销的餐费，这 60 万元调整发放是否更有利呢？

假设月发放 29 048 元，年终一次性奖金 42 万元，此时两者合计是 768 576 元，即能达到税后约 60 万元的收入额，单位整体少支出 3 万多元。尽管节省的金额并不大，但说明稍稍调整一下，即可在税法的规则下找到更有利的方案。

可能有人会问有没有更"激进"一些的方案。如果这是一个基于合规上市的企业，小编认为还是谨慎处理为妥。小编在这儿介绍一种可能有人操作过的方式，比如其中 30 万元允许此人通过报销方式取得，关键是发票，通常是由个人提供的，并非为公司业务发生的直接费用，很有可能并非真实的企业业务相关的发票，小编不建议使用；又如通过向财务总监成立的私营企业（通过核定征收计税，可以提供发票）采购劳务服务的方式解决，此时一定要做到行为主体与业务事项的统一，如果仅仅是基于财务总监的工作而无实际业务支撑则此项费用支出就不合理。

在发生人员招募支出时，无论约定的是税前收入还是税后收入，在政策上，工资薪金与年度一次性奖金的个税计算方式中有一个发放金额调整的"公式筹划漏洞"，但如果真实发生，也应该是完全符合政策规定的，而不能既定了工资每个月 5 万元，又人为进行调整发放。

我们的建议

如果在操作中，合同中明确了月工资 50 000 元，却按 20 000 元申报，而余下的放在年度奖金中发放，这就是与约定的事实不相符。这样明显表里不一的方式，切忌使用。

必须指出的是，随着个人所得税法的修改，这种方式可能就不存在了。由于一次性奖金的计算方法预计将取消了，之前的计算规则中的漏洞已不存在。新个税法从 2019 年 1 月 1 日起实施，对于 2018 年度的一次性奖金的发放，我们还需要关注其发放时点，比如有的企业是临近春节时发放，就可能在 2019 年 1 月 1 日后，从而带来影响。我们需要关注国家税务总局的过渡政策，及早安排，以免处理不到位多缴税款。不过，也可能出现有的个人以新法税负下降为由，要求企业多发税后工资，这也可能出现。

6.8 小微企业的税收优惠，小心生意做多了反而"吃亏"

> **摘要**：在大众创业、万众创新的大环境中，一个企业是从小到大逐渐成长的，这也是大多数企业的成长历程。在政策鼓励方面，政府对于小微企业一直备加照顾，不断扩展优惠空间，加大优惠力度。由于多数企业可能并不完全知晓，或者没有规划好，本应享受的优惠没有享受到。下面小编就来告诉大家，小微企业的税收优惠如何享受。

把企业做大做强，是每一个创业者的梦想。当然了，做大了，做强了，风险也就不一样了。今天我们主要聊聊小企业。在国家大力支持发展的环境中，如何算好自己的小账？毕竟，省下的每一分钱都是自己的利润,更是创业者自己的钱。

王老板曾问小编:"目前国家的优惠政策中,有哪些是对我们小型企业的?我们是不是要努力做业务、做收入,就有好的结果呢?"

真不一定。我们看看国家给的主要政策(见表6-5),请注意,其中有一些政策容易混淆。

有了这些优惠,企业是不是还必须做大呢?比如企业所得税,如果你的企业应纳税所得额是101万元,此时就完全不得享受小型微利企业10%计算优惠了。而对于增值税,要考虑两点,关于销售额,一是,这里指的是不含增值税的销售额,二是,销售额一旦超过了标准,对不起,也不得享受3万元以下免税的待遇。这相当于是达到条件可以,达不到条件就不可以。如何计算达到含税销售额的标准呢?就是$3 \times 1.03 = 3.09$(万元)。要注意,这个优惠仅适用于增值税小规模纳税人,而对于一般纳税人,即使只有1 000元这样低的收入,也不能享受上述优惠。

对于上面两项优惠,企业所得税是按年度来计算的,增值税是按季或月来申报计算的,后者要根据税务机关的确认期间来判断是月3万元还是季度9万元。在季度9万元的方案下,是看总额,比如其中一个月销售额是6万元,另两个月分别是1万元,此时季度销售额共8万元,低于9万元,也可以享受免增值税的优惠。

6.8 小微企业的税收优惠，小心生意做多了反而"吃亏"

表 6-5

税　项	优惠名目	优惠政策	来源依据
企业所得税	小型微利企业[a]	一、自 2018 年 1 月 1 日至 2020 年 12 月 31 日，将小型微利企业的年应纳税所得额上限由 50 万元提高至 100 万元，对年应纳税所得额低于 100 万元（含 100 万元）的小型微利企业，其所得减按 50% 计入应纳税所得额，按 20% 的税率缴纳企业所得税。	财税〔2018〕77 号[b]
增值税	小微企业	增值税小规模纳税人销售货物或者加工、修理修配劳务月销售额不超过 3 万元（按季纳税 9 万元），销售服务、无形资产月销售额不超过 3 万元（按季纳税 9 万元）的，自 2018 年 1 月 1 日起至 2020 年 12 月 31 日，可分别享受小微企业暂免征收增值税优惠政策。	国家税务总局公告 2017 年第 52 号[c]

a.《企业所得税法》第二十八条规定："符合条件的小型微利企业，减按 20% 的税率征收企业所得税。"

《企业所得税法实施条例》第九十二条规定："企业所得税法第二十八条第一款所称符合条件的小型微利企业，是指从事国家非限制和禁止行业，并符合下列条件的企业：

（一）工业企业，年度应纳税所得额不超过 30 万元，从业人数不超过 100 人，资产总额不超过 3 000 万元；

（二）其他企业，年度应纳税所得额不超过 30 万元，从业人数不超过 80 人，资产总额不超过 1 000 万元。"

b. 财税〔2018〕77 号，即《财政部 国家税务总局关于进一步扩大小型微利企业所得税优惠政策范围的通知》。

c. 国家税务总局公告 2017 年第 52 号，即《国家税务总局关于小微企业免征增值税有关问题的公告》。

对于年应纳税所得额在 100 万元或者月销售额在 3 万元附近波动的情形，我们来确定一下平衡点：

（1）对于企业所得税，假设年应纳税所得额为 120 万元，税率是 25%，此时税后收入是 120×（1−25%）=90（万元），而年应纳税所得额为 100 万元时计缴 10 万元（100×50%×20%）税款后余下也是 90 万元，相当于这 20 万元（120−100）的生意"白做"。此时，可以适当延续到下个月来计收入，可以通过先签订合同等技术方式处理。

（2）对于增值税，由于教育基金等在 10 万元以下免征，此时只有城市维护建设税，我们假设总收入额是 x 万元，$x-x/(1.03)\times 0.03\times(1+0.07)^{[1]}$ =30 000，此时计算出来是总收入达到 30 928 元以上，就能跟月销售额 3 万元享受相同的免税待遇。

在上面的分析中，小编只是想说明在相近销售额的情形下的处理，如果生意做得足够大，或因为发展成了一般纳税人，就不必计提这点"小利"了，毕竟生意还是要多做，如果没有生意，再节税的方案也没有存在的价值了。

---

[1] 城市维护建设税有 7%、5% 和 1% 三个档次。纳税人所在地为城市市区的，税率为 7%；纳税人所在地为县城、建制镇的，税率为 5%；纳税人所在地不在城市市区、县城或建制镇的，税率为 1%。

6.8 小微企业的税收优惠，小心生意做多了反而"吃亏"

小本生意，算计也重要，平时看看，关注一下掌握的量，这个事就好办了。不过，前提是财务人员也要知道申报为免税收入，因此找个明白操作的记账报税人员很重要，老板也可以过问一下财务是不是可以这样操作。企业所得税是年度计量，增值税是月或季度计量，月内或季度内的波动不影响各自的待遇享受。

我们的建议

大家可以发现，有时多发生一点费用，减少一点收入，就可能正好享受到了税收优惠，且税收的节约比费用的花费要多。所以在临近月末或季度结束时看看增值税的销售额，年末看看企业所得税的应纳税所得额（在会计利润基础上的调整）很有必要，及时与财务人员沟通，同时也要在满足客户需求的基础之上进行统筹。

在实施中，切忌因人为调整出现与事实脱节的现象，比如人为挂账，只是不开具发票，但钱收了，业务也做了，这种情形是明显的违法行为。要做就要考虑将合同（如有）、发票、会计处理与事实结合起来以完善解决，如果真有对方等不及的生意，那交一点税也不是不行，毕竟我们从长远布局。

6.9
警惕税收优惠陷阱，
霍尔果斯"税收洼地"要不要去

> **摘要**：越是众人趋之若鹜，可能越是有危险，在霍尔果斯发生的一切，恰恰印证了这句话。

据最近的媒体报道，2016年霍尔果斯注册企业2 490户，2017年1—9月注册企业超过8 500户，新增企业数量大规模爆发式增长。但实体企业仅占2%，约有98%的企业都是没有实地经营的注册型企业，主要集中在广告影视传媒、股权投资、电子科技等经营地点不受地域限制的轻资产类企业。2018年年初，霍尔果斯暂停了增值税返还和个人所得税优惠两项地方性政策。4月，要求企业注册"一址一照"、实体办公，并有2 118家企业被要求

6.9 警惕税收优惠陷阱，霍尔果斯"税收洼地"要不要去

税务自查。

几年前，霍尔果斯"火"了。"霍尔果斯"是哈萨克语的音译，意思是"河水流过的地方"。某些公司像发现了金矿一样一拨一拨地奔向新疆那遥远的地方，一拨又一拨的"服务公司"不断地讲着动人的故事，小编也差点"跳上"那远去的列车。当时的"许诺"是：从事股权投资的企业，可以享受"五免五减（地方所得部分）"的企业所得税优惠政策。

首先我们需要肯定的是，霍尔果斯的优惠政策是国家产业政策，有其严肃性的一面，即不是地方政府为招商引资自己搞出来的"土政策"。

《财政部 国家税务总局关于新疆喀什、霍尔果斯两个特殊经济开发区企业所得税优惠政策的通知》（财税〔2011〕112号）规定：

为推进新疆跨越式发展和长治久安，贯彻落实《中共中央国务院关于推进新疆跨越式发展和长治久安的意见》（中发〔2010〕9号）和《国务院关于支持喀什、霍尔果斯经济开发区建设的若干意见》（国发〔2011〕33号）精神，现就新疆喀什、霍尔果斯两个特殊经济开发区有关企业所得税优惠政策通知如下：

一、2010年1月1日至2020年12月31日，对在新疆喀什、

霍尔果斯两个特殊经济开发区内新办的属于《新疆困难地区重点鼓励发展产业企业所得税优惠目录》（以下简称《目录》）范围内的企业，自取得第一笔生产经营收入所属纳税年度起，五年内免征企业所得税。

第一笔生产经营收入，是指产业项目已建成并投入运营后所取得的第一笔收入。

二、属于《目录》范围内的企业是指以《目录》中规定的产业项目为主营业务，其主营业务收入占企业收入总额70%以上的企业。

三、对难以界定是否属于《目录》范围的项目，税务机关应当要求企业提供省级以上（含省级）有关行业主管部门出具的证明文件，并结合其他相关材料进行认定。

《关于加快喀什、霍尔果斯经济开发区建设的实施意见》（新政发〔2012〕48号）进一步明确：

依法落实对两个经济开发区内符合条件的企业给予企业所得税五年免征优惠政策，免税期满后，再免征企业五年所得税地方分享部分。

政策是非常明确的，但是执行中的认定标准，却是可以变化的。有时，政策一放就易乱，会有浑水摸鱼的情形发生。但我们也要理解，比如避税地的政策，真有那么多实体办公的企业去吗？就算实体办公，当地的经济发展程度估计也难以支撑，这就是鼓励当地发展的一个财税手段。如果我们去当地雇用人员、实体办公，甚至还要在当地投资采购，这就不是企业所能承担的了，国家战略安排会更有力量。目前来看，企业要么收缩撤退，要么争取原来的税收优惠政策地方政府保障，实在得不到认可的只能算是"折腾一场"。

对于在霍尔果斯注册的公司，企业所得税能否享受"五免五减"是一个问题。另一个问题是，那些以个人出资设立的公司，其挣的钱如何转移出来呢？当地虽有一些财政返还的优惠，但落实当中尚不知能否执行到位，而且在个人取得分红之时，仍是有20%的个人所得税在等着的。比如小编就遇到的一位朋友说："我们的公司收入有7 000万元了，这些钱我如何用啊？就算免税也只是免了企业所得税啊！"

这确实是一个严肃的问题。如果是异地公司投资设立子公司，通过分配股息红利还是免税的，这样做可以解决资金的二次转移问题。因此这位朋友找到了一个临时的方法，即让霍尔果斯的公司投资异地一家公司，至少把自己的资金用到经营当中去了。

纵观全国各地，企业家们可能经常听中介机构或政府招商的人员推荐所谓的"税收洼地"，但是担心总是存在的。有的企业选择相对靠谱一些的地方，还跟地方政府签订了招商协议，但是地方财政政策、人员均有不确定性，保不准到时就无法兑现了。还有的地方政府按月计算返还，似乎有一些行政效率，提升了企业信任度。

纵有招商协议，若政府不兑现财政奖励，我们的企业是不是可以通过诉讼索要呢？似乎司法部门应支持企业的诉求。但是我们要知道，政府并非一个简单的民事主体，对此我们非常有必要理解透彻，更要警惕招商引资中的税收优惠陷阱。

《安徽省合肥市中级人民法院行政判决书》（(2017) 皖 01 行初 275 号）就非常具有代表性。原告安徽省庐江县天友房地产开发有限公司（以下简称天友公司）认为被告庐江县人民政府未按照约定履行《关于庐江县大市场 B 区项目开发建设协议》，被告应给予原告奖励共计人民币 11 279 592.99 元没有兑现，由此引发诉讼。为了让大家完整理解，特将合肥市中院的审判意见摘录如下：

本院认为，本案立案时确定的案由虽然为行政允诺，但行政允诺系行政机关基于国家的法律、政策规定而做出的，旨在引导行政相对人采取一定的作为或者不作为，以实现行政管理目的的一种行政行为，其特征为单方行为。而根据本案原告的诉请和理由，本案系原告依据其与被告之间签订的《关于庐江大市场B区项目开发建设协议》(以下简称协议)中的有关内容,要求被告履行该协议约定的返还税收奖励,并非行政允诺纠纷。

本案协议中有关税收优惠政策中的奖励约定,实质为税收先征后返。能够得到人民法院支持的前提是该约定不违反法律的禁止性规定。《中华人民共和国税收征收管理法》第三条规定:税收的开征、停征以及减税、免税、退税、补税,依照法律的规定执行。任何机关、单位和个人不得违反法律、行政法规的规定,擅自作出税收开征、停征以及减税、免税、退税、补税和其他同税收法律、行政法规相抵触的决定。2000年1月16日,国务院发布的国发〔2000〕2号《关于纠正地方自行制定税收先征后返政策的通知》(以下简称2号通知)第一条规定:各地区自行制定的税收先征后返政策,从2000年1月起一律停止执行。第二条规定,地方人民政府不得擅自在税收法律、法规明确授予的管理权限之外,更改、调整、变通国家税收政策。先征后返政策作为减免税收的一种形式,审批权限属于国务院,各级地方人民政府一律不得自行制定税收先征后返政策。对于需要国家财政扶持的领域,原则上应通过财政支出渠道安排资金。如确需通过税收先征后返政策予以扶持的,应由省(自治区、直辖市)人民政府向国务院财政部门提出申请,报国务院批准后才能实施。根据以上规定,税收减免、返还等优惠政策必须由法律、行政法规作出明确规定，或者由省（自治区、直辖市）人民政府向国务院财政部门提出申请并得到国务院批准后才能实施。本案中，并无证据证明案涉协议中规定的税收返还优惠政策具备相关法律、法规依据或者得到了有权机关的合法授权。据此，原、被告双方于2003年4月18日签订的协议中有关税收先征后返的约定违反了《中华人民共和国税收征收管理法》第三条的规定，属于擅自作出的退税的决定，违反了法律的禁止性规定，亦属于2号通知中规定的扰乱税收秩序和违背统一税政、集中税权原则的行为，应属无效条款，被告无返还税款之义务。此外，国发〔2015〕25号文件虽规定了优惠政策继续履行，但本院认为该优惠政策不得违反法律、行政法规的规定，对于上述税收先征后返的政策或约定应不予支持。综上，本案原告要求被告履行协议，给付原告税收奖励的诉讼请求，依法不能成立。依据《中华人民共和国行政诉讼法》第六十九条之规定，判决如下：

驳回原告安徽省庐江县天友房地产开发有限公司的诉讼请求。

所谓税收洼地，有其存在的价值，也有其利用的价值。但是我们在规划之时，也要考虑可能存在的风险，比如这种生产企业、房开企业，其搬迁的成本就非常大，一旦落地，很难调整。还有的地区，经济形势不大好，尽管可能给的优惠很好，也是要谨慎选择的。

6.9 警惕税收优惠陷阱，霍尔果斯"税收洼地"要不要去

🛎 我们的建议

"税收洼地"固然好，风险也要有知晓。有的是要看时间，有的是需要当地长远支持，需要多重考虑落地支持方式。比如有的企业可以拿到便宜的土地，这就是要求之一，至于有没有财政返还，说不定企业缴纳的税款并不值得期待。小编曾接触一个民企老板，在河南有一个分公司，取得了一块地皮，一直在想办法如何通过商业化实现其价值。

而在以财政返还、税收优惠为主要导向的招商引资政策中，我们并不宜直接否定其中财政返还的合法性。但是我们不宜称之为税收优惠，应明确这是财政奖励，这是两个性质的事项。

6.10 个人所得税与企业所得税的"重复征税"问题

> **摘要**：很多人在个人所得税法修订过程中有提到这样的问题，小编就此简要分析一下。我们没有必要去借鉴国外的经验，税收规则的建立，越发达的国家越宜有适合自己的规则，而不是去采用一套全球标准化的规则。比如美国的税改，现在也没有哪个国际组织对此发起挑战，认为破坏了全球反避税的行动协同。所以，我们还是先搞清楚、理解自己所面临的规则，再作外延思考。

先来看一个例子。某人投资成立了一家企业，这家企业的所得税税率是25%，假设2017年度利润是1 000万元，此时2017年计缴250万元企业所得税，余下的可供分配的利润是750万元，如果股东决议当年分配为750万元，此时公司需要代扣代缴个人所得税750×20%=150（万元），以上共计缴纳400万元的所得税，也由此造成了"重复征税"，从合计税负来看共计40%（400/1 000×100%），这跟我们的工资薪金所得的个人所得税有一拼。由于企业所得税的计缴将对利润总额有一些调整，因此40%是一个约数。

如何规避重复征税呢？或许有很多种方式，比如以个体户经营，或者直接不作分配利润[1]，或者再以公司作为股东的方式[2]，但是毕竟这些钱到不了个人的名下，至于个人通过频繁的发票报销，化整为零，也并不能达到应有的效果。这些方式各有所长，要根据需要进行处理。

对于重复征税，大家可能听说过平安员工持股一事，详见《平安员工持股解禁 交税40%引发强烈不满》（《广州日报》，2010-03-16）。之所以涉及高达40%的税负问题，就是因为当时以有限公司作为持股平台，由此引致很大的"抗议"，后来采取了迁至林芝的方式予以"曲线"解决。2012年4月10日，西藏自治区国税局公布了《2011年度西藏纳税百强排行榜》，其中新豪时和

---

[1] 没有法规要求必须强制分配，也没有说不分配视为分配，之前的个税政策确实有此规定，后来废弃了，确实不应强制分配。

[2] 直接投资的居民企业之间的股息红利分配，是免税收入。

景傲实业分为以6.1亿元、4.8亿元的纳税额占据了状元和榜眼的位置。[1]

从可预测的未来分析,解决重复征税的问题,路还长,唯有结合实际情形,方可灵活规划自己的涉税方案。

平安的处理案例,可能很多人认为可以借鉴,但是一般企业达不到这种谈判能力。平安公司对于西藏经济的贡献力度之大,小企业难以企及。简单的复制并非一般企业可以做到的。

其实重复征税并不一定代表不公平,这会减少企业分红的情形,进一步增加企业投资的价值,或许对企业发展也是一种鼓励。大家可以看看,在上市民营公司中,个人持股是一定会体现出来的,中间的层级不同,分配的方式也不同,但并没有多少公司经常给股东发放股息红利。

我们的建议

其实重复征税的情况并不多见,老板们也并不是只有在赚取

---

[1] 人民网拉萨4月10日电(记者杨庆军 扎西)10日上午,西藏自治区国税局公布了《2011年度西藏纳税百强排行榜》。西藏林芝新豪时投资发展有限公司和林芝景傲实业发展有限公司新上榜,一跃成为2011年纳税的状元和榜眼,分别缴纳各项税收6.1亿元和4.8亿元。中国烟草总公司西藏分公司由2010年榜眼退居探花,年纳税额为1.7亿元。

6.10 个人所得税与企业所得税的"重复征税"问题

了利润的基础之上才会拿到钱,比如传言的贾老板在美国买的豪宅,都是以注册的企业名义购买的,但并不耽误人家使用啊,这不就行了嘛。

有很多企业可以享受税收优惠,实际的税负也达不到这么高,股东通过减持股票等方式退出,也是一种价值变现的方式。

6.11

个税改革对企业家的影响有多大

> **摘要：**新一轮的个税改革，已不再停留在"起征点"上，而是考虑了多项的综合所得，考虑了一些家庭性的开支扣除。对于创业人而言，在资本性方面的政策并没有多少变化。

个税改革正在快速推进，2018年10月进行"起征点"的调整，自2019年1月1日起全面实施新《个人所得税法》。对于企业家来讲，个税改革会带来什么样的影响呢？

应该说，我们国家的个税占比很小，其中又以代扣代缴为主要的征管手段。企业家以资产转让、股息红利等收入为主，工资并不占核心地位，所以，企业家缴纳的个税并没有受到很大影响。

但是一些上市公司的高管，如有年薪千万元的，无论政策如何改，差额也不会成为痛点或收获点，毕竟如此高薪超过45%的最高税率线是轻而易举。只是对于普通工资阶层来说，点滴的变化或许都会影响其收入，所以这次个税改革引发的关注度之强就可以理解了。

一种观点是，资本性的所得税率低于工薪最高的45%是不公平的，可能引发筹划措施。关于这一点，小编是这样想的：如果一个老板投资一家公司，在计缴企业所得税25%之后，再分配股息红利20%，此时整体的税负是40%（25%+75%×20%），虽然仍低于45%，但是45%本身是最高档，一般的员工收入往往是低于此档的，一些专家呼吁降低45%的最高税率，也有一些理由吧。

如果这个企业家创立的是一个合伙企业，其最高税率是35%，这个确实是低于45%的，这中间存在一些不平衡之处，易引起实务界的争议。

至于综合所得，即工资薪金、劳务报酬、稿酬所得、特许权使用费所得四项被并为一项综合所得，对老板们来说关联度恐怕也并不强。毕竟投资人的运营更多还是基于企业的层面开展的。对于家族所得汇总算税的想法，在理论界存在多年，但是以当下我们的征管手段，恐怕是较难实现的，我们的个税改革，还需要不断前行。

或许有一个问题会有影响,即将来企业代扣代缴员工个税如何办的问题,将来公司的老板、员工的年度所得,公司有没有义务为其进行汇总申报。

比如有的人可能有这样的情形,某个单位支付其劳务报酬时进行了税款扣缴,这个收入是一定要算入个人的综合所得当中的,同时作为税额扣除处理,至于需要什么凭据,这倒难以实施,因为单位是整体一并申报的,很难有每一个人的税单。但也有的人,认为单位给的是现金,自己取得所得的部分不汇入综合所得,这将也是一个风险问题,因为一合并可能就有税率提档的情形发生。

个税改革中涉及资本性的内容并不多,主要仍是与工资薪金相关的改革。至于资本性的收入,未来的监管一定也越来越严格,原来那些老板购买个人物品,再以费用报销来实现"套现"的方式,可能会引起越来越多的关注。

我们的建议

随着税收征管信息化的持续发展完善、整合,老板个人信息在金税系统中的不断归集与完善,老板的个人税务"画像"会形成一个新的税务风险识别系统。只是当下还没有充分的开发与协调起来。对于公司的经营所得如何转移到老板个人名下,如何筹划纳税,大家可以借鉴本书中的案例介绍,更要关注税收规定的合规性。

6.12

如何实施员工股权激励

> **摘要：** 员工股权激励形式多样，有给虚拟股份的，有给真实股份的，给的时间也不同，有的是未上市前就给，有的是在海外给，有的是上市之后进行的。凡此种种，税收成本并不相同。

最近，小编接到一个老板咨询："我们公司待股改上市，准备实施股权激励，原来答应的条件是100的份额，只需出资30即可得到。现在呢，员工连30的钱也不出了，拟按70直接授予份额，有没有税上的问题？"

小编后来了解到，该企业有一个合伙持股平台，作为拟上市主体的股东存在，准备在持股平台中进行股权激励。在这种形式下（见表6-6），如何形成有效的实施方式呢？

表6-6

事 项	说 明	备 注
控制权	控制人作为管理合伙人存在	由合伙协议约定即可
赠送份额	赠送人，接受赠送人当下没有规定要按公允价值转让处理、受赠所得来计税	国家税务总局公告2014年第67号只是针对股权转让有核定征收方法
名义入份额	员工以少量的资金入份额，合伙协议约定享受超份额的利益	符合《合伙企业法》的规定，员工以有限合伙人的身份存在
低价转让	合伙人以超低价将份额转让给员工，当下暂无税务机关调整的规定	

有一点需要说明一下。合伙企业本身的决策机制相对灵活，管理合伙人有比较灵活的控制管理权。在税的层面上，合伙企业的出资并不需要计缴印花税，同时合伙企业也不存在企业所得税，以合伙企业作为持股平台比较自由。大家可以借鉴一下绿地集团当时的股东架构。它成立了较多个合伙企业，股东以少量的资金入伙就达成了有限合伙人的大额募资目标，且控制权还掌握在自己手中。这同有限责任公司以出资额作为决策权的基准是截然不同的。

但是，有的企业实施股权激励时是直接在经营主体企业上以个人为股东身份进行安排的。这里有一个问题，运营企业有很多的股东，因此如有退出，需要频繁地进行信息变更与公告，这就带来了管理成本的问题。但是我们国家对于满足上市公司股权激励条件的企业，是允许以市场价格计列成本费用的，即允许以行权时的股票价格作为成本费用税前扣除，这是相当有利的，此时认为企业按一定程序采购了员工的价值，双方是以公允入资来对待的。

还有一种就是类似华为集团的分红权。当下多有咨询服务机构谈及"银股""身股"之事：身股，又称顶身股，这个概念起源于晋商，是晋商在股份制中一个独特的创造，给不出资的优秀员工一定的身股，让其参与经营、管理和分红。银股就是相当于真的出资人。当下华为的模式有一些如身股，就是员工有分红权。但是在当下的税收制度下，虽然是分红，其实仍属于工资薪金所得，这是在计税上的定性处理，并不能享受股息红利的20%所得税待遇。

股权激励有很多实施的时间节点，要结合企业发展的需要而定。比如当下的互联网企业，股权激励非常频繁，例如小米的股权激励，授予面比较大，此时多有相应的锁定期，也是员工"绑定利益"的一种体现。而一些连锁性质的企业，往往让其店长等人员加入管理当中，按期实施核算分红，有时搞得很隆重，现场摆放大量的现金来发放。小编的建议是，一定要把个人所得税算准、算完整了。

👆 我们的建议

在不同的阶段，股权激励实施的目标不同，同时需要特别注意的是税收成本。不知大家有没有看到大北农的股权激励案例，由于是老板直接送股给员工，简单来看，需要考虑三个税款计算环节：赠送环节按转让（视同正常价格）计税，员工取得环节按工资薪金计税，员工转让股票环节按财产转让所得计税，这样的税负成本大家都很难接受，以致此股权激励方案久久未能实施。而后通过与当地税务机关的沟通与分析，明确只需要考虑第一道环节老板转让的个税计缴即可，这相当于视为转让方式，员工取得并未视为工资薪金所得，这其实跟员工雇佣所得有所矛盾，后续员工在二级市场转让收入免个税，这个倒是有其合理性，因为此股票并不属于限售股。

整体而言，员工持股既要考虑激励，又要考虑一定的控制集中，还要考虑资本的影响，以及税负成本的影响。关于这些，或许每个企业家都有自己的想法。

6.13 对外捐赠注意方式与形式

> **摘要：** 做捐赠，是直接捐赠，还是通过公益性机构或政府部门捐赠，抑或捐赠给自己成立的基金会，这里面的文章确实很多。

企业家们经常做慈善，比如陈光标，就曾经非常高调地做慈善，而且如果是规模企业的企业家，可能还面临着一些捐赠的义务要作出表率。下面就来聊聊，不同的捐赠方式及其税负成本。

首先，企业的捐赠方式多是货币捐赠，当下对于捐赠的税前扣除是这样的：企业发生的公益性捐赠支出，在年度利润总额 12% 以内的部分，准予在计算应纳税所得额时扣除；超过年度利润总额 12% 的部分，准予结转以后三年内在计算应纳税所得额时扣除。

上述所说的公益性捐赠，主要是指捐赠给县级以上政府部门或者是公益性社会组织，但是，后者是每一年度都需要财政、税务机关发布清单才允许享受扣除的。小编曾接触一家企业，于 2016 年向某地红十字会捐赠 5 万元，后来，税务机关在检查时发现当地的红十字会并未在当年度公布的公益性捐赠名单中，因此需要补缴税款。遇到这种情形就比较麻烦。而且我们知道，捐赠名单的发布往往是滞后的，甚至当年发布追认的是之前年度的名单，这很打击企业的捐赠热情。

但是如果是用非货币性资产出资，比如用购入的电脑、食品、办公用品、衣服等捐赠，就相对复杂了。一是要考虑捐赠物的价值，比如有的企业花 10 万元购入的物品，对外捐赠时报 20 万元，或许有水分的存在。注意，捐赠是要按货物的公允价值同步计算增值税及附加税费的，通常对此并无免税的普遍性规定。二是此时对方开具的捐赠票据，也是需要填写 20 万元的，此时再结合上述所得税税前扣除的规定进行调整处理。

这是有一个案例。《捐股不再需要缴纳巨额税款》[1] 提到：

---

[1] 王勇.捐股不再需要缴纳巨额税款[N].公益时报，2016-05-17.

尴尬：捐价值 30 多亿元股票交 5 亿税

2009 年 2 月，曹德旺准备捐出家族持有的福耀玻璃股份中的 60%，即 35.49 亿元等值股票来成立河仁慈善基金会。

然而没多久，他就碰到了税收尴尬。国家税务总局认为，虽然他捐股是非营利行为，但按照现行法律，在计算了各种免税抵扣后，这笔股权的受让仍将产生超过 5 亿元的企业所得税。

明明是捐赠，却要另外缴纳巨额税金，让人无法理解，但却是不折不扣的事实。

原因就在于当时关于税收的相关规定将股权捐赠视同销售收入。

简单说，如果你把自己所持的股份卖给别人，你将获得收入，除去成本，剩下的就是收入，而这收入就是所得，就要缴纳所得税，企业所得税的税率为 25%。收入越高，缴税越多。

按照《国家税务总局关于企业处置资产所得税处理问题的通知》（国税函〔2008〕828 号）规定：

企业将资产移送他人的下列情形，因资产所有权属已发生改变而不属于内部处置资产，应按规定视同销售确定收入。……（五）

用于对外捐赠;……。

股权捐赠尽管实际上没有任何收入,但因为所有权属发生改变,必须"视同销售确定收入",确定了收入所以就需要缴纳税金。

这一尴尬的状况,在很大程度上阻止了企业及企业家的股权捐赠。

曹德旺的股捐尽管特事特办,但最终也只是允许曹德旺不必立即缴纳税款,而是在基金会设立后5年内缴齐。

改变:允许在所得税前予以扣除

4月20日,财政部、国家税务总局联合下发了《关于公益股权捐赠企业所得税政策问题的通知》。按照通知的规定,股权捐赠产生的巨额所得税终于可以在一定程度上予以税前扣除了。

通知第一条规定:

企业向公益性社会团体实施的股权捐赠,应按规定视同转让股权,股权转让收入额以企业所捐赠股权取得时的历史成本确定。

通知第二条规定:

企业实施股权捐赠后,以其股权历史成本为依据确定捐赠额,并依此按照企业所得税法有关规定在所得税前予以扣除。

根据这两条规定,首先,因股权捐赠可以税前抵扣了。

《企业所得税法》第九条规定:企业发生的公益性捐赠支出,在年度利润总额12%以内的部分,准予在计算应纳税所得额时扣除[1]。

如果企业的股权捐赠金额未超过企业年度利润总额的12%,就意味着可以税前全额扣除。

《慈善法》规定,企业捐赠额超过当年所得税扣除限额部分可以结转以后3年内扣除。《慈善法》9月1日实施以后,意味着就是超出了,也可以在3年内逐步扣除。

在这种情况下,如何计算股权捐赠额便十分重要了。而《通知》以股权取得时的历史成本确定的规定在某种程度上是就低不就高的。

一般来说,股权捐赠都是发生在企业发展势头较好的时候,这时候企业股权一般较高,至少是高于取得股权时的成本,对企业的创始人(机构)来说,其取得成本和捐赠时的股价之间的差

---

[1] 企业所得税法进行了修订,见本节开篇的内容。

距就更大了。也就是说，数额低被全部抵扣的可能性就更高了。

除此之外，这种待遇还有一个前提条件，必须是向我国境内具有接受捐赠税前扣除资格的基金会、慈善组织等公益性社会团体实施的股权捐赠行为。

当然，享受了实际的好处，就再难享受虚名了——对外公布的捐赠额也随之下降。《通知》规定：公益性社会团体接受股权捐赠后，应按照捐赠企业提供的股权历史成本开具捐赠票据。

从上面的内容中我们发现，比如李连杰成立的"壹基金"，还有上面曹德旺设立的基金，这些基金本身享受一些特定的非营利组织的税收优惠，比如企业所得税的免税待遇等，据此也有传言是企业家有"避税"安排，或许有此方面的因素，但也并不全然。

其实就捐赠而言，企业家往往可能会直接捐赠给受益人，而非通过政府部门或者公益性组织进行。在这个环节中，我们要考虑一个因素：如果是捐赠给个人的情形，需要考虑个人所得税的问题。但好消息是，我们国家对于受赠所得只规定了房屋赠予的其他所得的应税义务，除此之外还没有特别明确的征税事项，所以并不存在代扣代缴个人所得税的问题。新个税法修改后，"其他所得"项目取消，未来如何确定适用所得税目，值得关注。

我们的建议

一个完善的捐赠方案,需要考虑捐赠的成本,比如上面的股权捐赠,就是因为数额巨大,在向有关部门反映之后得到的解决。但是如果刻意考虑税的问题,比如捐赠给某些不让人信任的公益性组织,可能老板就会放弃,进而直接捐赠给受赠人了,此时才能真正发挥捐赠的功效。这也是当下缺乏公信力的公益性社会组织存在的问题,致使即使有税收政策的限制,也难阻碍直接捐赠的选择。

还有一点就是捐赠票据的取得。此时如果要税前扣除,只取得一张收据是不可以的,必须取得捐赠专用票据,这才有税前扣除的举证保障。

6.14

因税负问题中断的上市公司并购重组，是否仍存在

> **摘要**：因为个税太高中止了并购重组，此类案例过去出现过。现在还是这样吗？

这种情形虽然并不多见，但确实发生过！

"不可能啊，我们都是让收购方承担税负成本，我要现钱的。"王老板如是说。其实这是把问题想简单了，因为这相当于提高了收购价格，与其"包税"，还不如作价格调整，但是价格又是评估出来的，还真不好再开口让收购方涨价"包税"。且看如下两个案例：

案例一：国税总局"67号公告"首次发威[1]。

一封深交所问询函的答复，揭开北纬通信并购重组告吹的诸多细节。

获得证监会审核通过后，北纬通信却在1月16日"意外"终止了对杭州掌盟软件3.62亿元的并购方案。深交所近日向上市公司发送《问询函》，了解终止原因及过程。而上市公司的回复则详细解释了此次重组意外夭折的原因——交易对方无法履行现金支付7 000万元的个税，导致资产过户不能继续。

按照北纬通信2014年6月公布的并购预案，公司拟购买蔡红兵等6名自然人股东和汇成众邦合计持有的杭州掌盟软件82.97%的股权，交易价格为3.62亿元。根据方案，该项交易以现金支付14 996.08万元，剩余部分发行股份841.3万股。

在上述交易方案中，6名自然人股东共需缴纳个人所得税约7 000至7 200万元，最终缴纳数额由税务机关核定。不过，由于上市公司分期支付现金对价的原因，6名自然人首次获得现金仅为5 649.27万元，还差1 300万元以上的缺口。

---

[1] 陈岩.国税总局"67号公告"首次发威[N].金陵晚报，2015-01-28.

6.14 因税负问题中断的上市公司并购重组，是否仍存在

"各地税务机关在税收缴纳时点和金额等方面判断不一致。之前预计个税也可以分期缴纳，杭州当地地税部门要求7000多万元个税需要一次性缴清。"北纬通信透露，巨额个税是这次重组失败的直接原因。

苏南一位从事上市公司审计的注册会计师告诉《金证券》记者，以前拟上市公司以盈余公积转增资本、股东转让股权等也会涉及巨额个税，但当地税务部门大多都会通融，允许延期支付或者上市之后再"算账"。不过，这一局面却发生了改变。

2014年年底，国税总局发布的《股权转让所得个人所得税管理办法（试行）》（即国税"67号文"），自2015年1月1日起施行，对公司回购股权、重组并购活动中的发行股份收购等七类情形，明确了需缴纳个税的期限和计算方式。

按照"67号文"规定，受让方已支付或部分支付股权转让价款的，股权转让协议已签订生效等6种情况下，纳税人应当依法在次月15日内向主管税务机关申报纳税。"67号文"强制规定了个税缴税的时间和金额，这也意味着，股权转让而产生的个人所得税延时支付的可能性越来越小。

《金证券》记者注意到，北纬通信是"67号文"实施以来，首个因为股权转让巨额个税问题而重组告吹的上市公司。根据此

前并购双方的协议，蔡红兵等6名自然人股东因为单方面违约，需在一个月内向上市公司支付违约赔偿金500万元。

这个案例中，因为支付的现金部分尚不够产生的个税，而且是要求一次性缴纳，所以本案夭折了。大家可以发现，其中还有增发股票的部分，这相当于股权投资换的股票，也是一种交易方式。

案例二：国投中鲁终止收购个人股东股权[1]。

国投中鲁果汁股份有限公司（以下简称"公司"或"本公司"）于2015年2月13日、2月27日、3月6日、3月20日、3月27日分别接到重大资产重组交易对方张惊涛先生的书面告知，存在可能因为无力缴纳个人所得税税款资金问题导致公司重大资产重组方案调整或终止的重大事项，使本次重大资产重组具有重大不确定性。

本公司已分别于2015年2月14日、2月28日、3月7日、3月14日、3月21日、3月27日分别发布《国投中鲁重大事项停牌公告》及《国投中鲁重大事项进展情况及继续停牌公告》，公司股票自2015年2月16日起停牌。在公司股票停牌期间，本公司

---

[1] 国投中鲁果汁股份有限公司拟终止重大资产重组及股票停牌的进展情况公告[N]. 中国政券报，2015-04-03.

多次通过多种方式通知、催促张惊涛先生尽快解决个人所得税税款资金来源问题。

为尽快敦促重组方落实解决相关问题，本公司已分别于2015年3月12日、2015年3月27日、4月1日向张惊涛先生及配偶徐放女士发送了催促函、律师函及问询函，要求张惊涛先生立即向国投中鲁做出书面确定，确认其个人所得税税款资金问题是否已经解决、是否还存在影响本次重组的其他因素、是否需要调整或终止本次重组方案。

2015年4月2日，公司收到交易对方张惊涛发来的《关于拟终止国投中鲁果汁股份有限公司发行股份购买资产交易的函》，张惊涛先生拟与公司协商终止本次重组及相关协议。

在另一份公告《国投中鲁果汁股份有限公司关于终止本次重大资产重组的说明》中提到了更为具体的信息：

二、本次重大资产重组终止的原因

交易对方张惊涛在签署《发行股份购买资产协议》（签署日期2014年11月18日）后，国家税务总局发布了《股权转让所得个人所得税管理办法（试行）》（自2015年1月1日起施行）。根据该规定，张惊涛及配偶徐放将江苏环亚61.55%的股权转让给国投中鲁，张惊涛、徐放应在《发行股份购买资产协议》签订并生效次月15日内向主管税务机关申报缴纳个人所得税，涉及金额约为2.5亿元人民币。

2015年3月30日，财政部、国家税务总局发布了《关于个人非货币性资产投资有关个人所得税政策的通知》（财税〔2015〕41号），允许纳税人一次性缴税有困难的，可合理确定分期缴纳计划并报主管税务机关备案后，自发生上述应税行为之日起不超过5个公历年度内（含）分期缴纳个人所得税。

张惊涛认为，根据最新政策，其纳税期限有所延长，但由于个人所得税涉及金额较大，在限定5个公历年度内（含）全额缴纳仍较为困难。在无其他资金来源的情况下，为合法纳税，其只能在重组成功后五年内减持部分上市公司股份，以筹措个人所得税资金。但考虑到作为重组成功后上市公司第一大股东，张惊涛拟长期持有公司股份，专注于上市公司的长期发展，短期内减持股份的行为不符合其此次重组上市公司的初衷及战略考虑；同时重组成功后，张惊涛及徐放合计持有的上市公司股份仅为33.06%，其计划未来通过增发、换股并购等方式做大做强上市公司，张惊涛及徐放持有的上市公司股份将在33.06%的基础上逐渐稀释，而减持股份将进一步降低张惊涛及徐放持股上市公司的比例，严重影响对上市公司的控制权，不利于上市公司的长期发展和中小股东的利益。因此,张惊涛于 2015 年 4 月 2 日签署并向上市公司函告《关于拟终止国投中鲁果汁股份有限公司发行股份购买资产交易的函》,拟与公司协商终止本次重组及相关协议。

三、从交易一方提出终止重大资产重组动议到董事会审议终止本次重大资产重组事项的具体过程

2015 年 2 月 13 日,公司接到重大资产重组交易对方张惊涛的传真告知,存在可能导致公司重大资产重组方案调整或终止的重大事项,使本次重大资产重组具有重大不确定性。为保证公平信息披露,维护投资者利益,避免造成公司股价异常波动,经公司申请,本公司股票自 2015 年 2 月 16 日起停牌。

2015 年 2 月 25 日,公司收到上海证券交易所《关于对国投中鲁果汁股份有限公司重大资产重组事项进展情况的问询函》(上证公函〔2015〕0152 号),公司及时就交易所问询事项作了回复。2015 年 2 月 27 日,公司接到本次重大资产重组交易对方张惊涛的书面确认,根据国家税务总局发布的《股权转让所得个人所得税管理办法(试行)》(自 2015 年 1 月 1 日起施行),张惊涛及其配偶徐放需在《发行股份购买资产协议》签订并生效次月 15 日内向主管税务机关申报纳税。由于涉及个人所得税金额较大,关于税款的资金来源,相关各方尚未形成具体解决方案。该事项仍将可

能导致重组方案的调整或终止，公司股票继续停牌。

公司积极与张惊涛沟通，并于2015年3月12日、2015年3月27日、2015年4月1日向张惊涛先生及其配偶徐放女士分别发送了催促函、律师函及问询函，并敦促其尽快解决个人所得税税款资金来源问题。

2015年4月2日，公司收到了张惊涛发来的拟终止本次重大资产重组的书面确认函，鉴于重组方明确提出终止重组，为保护投资者利益，在及时向监管部门汇报沟通后，公司决定终止本次重大资产重组。

2015年4月8日，国投中鲁召开第五届董事会第十四次会议，审议通过了《关于终止重大资产重组的议案》等议案，决定终止本次重大资产重组事项。

这儿的情形亦是无力缴纳个人所得税税款，而且也提到了有五年分期纳税的方式可以使用，但是对方认为只有减持才有相应的资金缴税，此举会影响到其主要股东的地位，因税的问题导致交易失败。

案例一发生时财税〔2015〕41号文件尚未出台。该文件重点是对非货币性投资给出的支持性优惠政策，是基于没有现金对价情形下的分期计缴个人所得税的问题。其实大家可以进一步发现，分期计缴个税时，往往是由纳税人个人去被转让公司所在地办理，并非由扣缴义务人办理，因为扣缴义务人也无法申请分期手续。这与税收征管法有一些矛盾，但是只要是有人对接计缴税款，征管方面也会做出一些个性化的调整，此时也难以认真计较这个风险了。但是在收购合同当中，强烈建议收购方一定要取得对方办理的分期计缴税款申报回执，才能够安心。

随着征税规则的不断完善，非上市公司（新三板及公开发行股票的公司外）发生股权交易，往往是税务机关关注的重点，因为其有时存在非公平交易的安排。即使是上市公司（比如新三板），也有超低价转让的情形，此时由于并不涉及工商变更，只有股转系统登记变更，因此税务机关也没有前置程序可以行使，或后续程序可以取得工商变更的信息，这就是一个征管的漏洞了。从过往来看，也有1分钱转让新三板股票的情形，并未听闻税务机关对此有何举措。

我们的建议

与个人之间的股权交易，往往要考虑税收的成本因素与税务监管的跟进，如果有此方面的交易，小编建议双方都宜谨慎处理，特别是在谁是承担方的问题上要明确,对接受方来讲,因其公司还需要继续经营,自然需要梳理好涉税检查的补税或罚款问题。

附:

关于个人非货币性资产投资有关个人所得税政策的通知

(财税〔2015〕41号)

各省、自治区、直辖市、计划单列市财政厅(局)、地方税务局,新疆生产建设兵团财务局:

为进一步鼓励和引导民间个人投资,经国务院批准,将在上海自由贸易试验区试点的个人非货币性资产投资分期缴税政策推广至全国。现就个人非货币性资产投资有关个人所得税政策通知如下:

一、个人以非货币性资产投资,属于个人转让非货币性资产和投资同时发生。对个人转让非货币性资产的所得,应按照"财产转让所得"项目,依法计算缴纳个人所得税。

二、个人以非货币性资产投资,应按评估后的公允价值确认非货币性资产转让收入。非货币性资产转让收入减除该资产原值及合理税费后的余额为应纳税所得额。

个人以非货币性资产投资，应于非货币性资产转让、取得被投资企业股权时，确认非货币性资产转让收入的实现。

三、个人应在发生上述应税行为的次月15日内向主管税务机关申报纳税。纳税人一次性缴税有困难的，可合理确定分期缴纳计划并报主管税务机关备案后，自发生上述应税行为之日起不超过5个公历年度内（含）分期缴纳个人所得税。

四、个人以非货币性资产投资交易过程中取得现金补价的，现金部分应优先用于缴税；现金不足以缴纳的部分，可分期缴纳。

个人在分期缴税期间转让其持有的上述全部或部分股权，并取得现金收入的，该现金收入应优先用于缴纳尚未缴清的税款。

五、本通知所称非货币性资产，是指现金、银行存款等货币性资产以外的资产，包括股权、不动产、技术发明成果以及其他形式的非货币性资产。

本通知所称非货币性资产投资，包括以非货币性资产出资设立新的企业，以及以非货币性资产出资参与企业增资扩股、定向增发股票、股权置换、重组改制等投资行为。

六、本通知规定的分期缴税政策自2015年4月1日起施行。对2015年4月1日之前发生的个人非货币性资产投资,尚未进行税收处理且自发生上述应税行为之日起期限未超过5年的,可在剩余的期限内分期缴纳其应纳税款。

财政部　国家税务总局
2015年3月30日

6.15

老板与财务总监之间战略与战术的差异与协调

> **摘要：** 这个问题有点大，小编只能结合自己理解与所关注的案例略作探讨，谨供大家参考。

现实中，从财务总监升位至 CEO（首席执行官）的人员相对比较少，这是不是说明做财税工作的人士，不适合在商业领域担当大任呢？或者说，作为老板，是否会与财务总监充分达成一致从而更好地控制风险进而有所成就呢？其实这是一个大问题，小编只能针对中小企业的情形进行分析，供大家参考。

首先来看，财税工作历来要求做到在一些硬规则之下的遵从。

基于此，财税人员具有天然的谨慎性，相当于是控制风险、对冒险有厌恶情绪的，这是一个职业性格的问题。同时，财税人员多是完美主义者，害怕有错、出问题，行事相当克制、谨慎。

从某种角度看，具备以上性格的财税人员，似乎不适合当企业领军人。至少小编遇到的情形尚不多。对于创业人来讲，每一天都充满风险，需要其具有干事激情、强大能量与坚定信念，甚至有时还要有曹操"望梅止渴"的精神。于此，小编认为，财务人员参与决策，更多的是为企业保驾护航、创新交易模式、提升价值与节约税收成本，起到锦上添花的作用。

之前小编所在的一家跨国企业是这样平衡业务人员与财税人员的职责的：财务与商务部门（主要负责谈判合同、执行合同等）由财务总监负责，而业务部门由总经理负责，双方互为牵制。对于规模大的公司而言，确实需要从多能手向专业化分工的角度发展。但是过于分权的话，大公司病、官僚体系也很难避免。

虽然小编倾向于认为财税人员有业务局限性，但是在特定时期，也是会发挥优势的，比如我们熟知的乐视创始人贾跃亭，原本是就职于税务机关的工作人员，谁曾想他能有这样的"魄力"呢？

所谓用人，就是要用在不同的战线上，有张有弛。老板用人，自然有自己的识别与判断，上述仅仅是依据多数人的职业习惯来分析的，不代表财税人员全部是这样。

在企业扩张期，如果我们争于求成，无视规则，很容易惹火烧身。在法制日趋完善的今天，企业的确需要专业人士保驾护航。

我们的建议

在业务发展过程中，阶段不同，采取的策略也是不同的。小编曾接触过多个企业，通常的模式是会计与出纳是老板家人，比如爱人或者姐妹，而兄弟多是业务人员。在技术上，这类公司往往是希望引入世界500强的人员，来公司规划流程，推行标准化，借鉴文化经验。尽管有股权激励的存在，但企业吸引力还是不足，毕竟达不到上市条件的企业占多数。在临近上市操作之时，可能会引进一位财务操盘的人员，具备上市的经验，或者是审计的经验、海归的经验等，这是一个技术性的岗位。在上市之后达到减持条件时，这些人员往往会将股份变现退出。在这个过程中，企业也面临一些不确定性，需要有所准备。

但也有些著名的企业，由具有CFO工作背景的人员来承接CEO职位，这确实也是财税人的学习榜样，强化自身多元化的视角，将让财税人有新的优势。

6.16

企业需要配备什么样的会计人员

> **摘要：** 随着一个企业的成长，对财务人员的要求不断升级。作为老板，是高举高打，开始就招募世界 500 强企业级的会计高手；还是换个思路，招募具有多年经验的老会计、代账会计？费用是其中一方面，更重要的是需求，具体要求老板必须清楚。

当前鼓励"大众创业，万众创新"，新经济的崛起与表率激发了越来越多的年轻人创业之热情，这当然是没有问题的。如果站在小企业的角度来思考，创业者们有的是海归创业，也有一些是在从某些大型企业跳出来创业的。小编也经历过"跟着草根创业的老板全国跑""加入博大精深的外企做高大上工作""合作创业经历艰难与收获"等不同工作模式。每个创业人都是带着过往经验而来的，都有一套已习惯了的工作模式、思维模式与价值模式，但是真要自己创业，是追求完美还是实用，是相信自己还是职业人，这些问题都需要马上落实。

如果是一家经营初期的小企业，可能面临三个问题：

一是业务有没有价值的问题。一个商业组织的成功，首先要考虑产品或服务有没有商业价值，这肯定是第一位的。但是比如贩卖毒品，这个是有暴利的，能不能做？就需要考虑第二个条件。

二是经营是否合法的问题。贩卖毒品虽有商业价值，但是违法，有严重的刑事法律责任的问题，这个就行不通了。但是如果有法律上的可行性，就可以考虑经营事宜了。

三是保驾护航的问题。即涉及财物、资产、款项安全的问题，这些是有了业务之后才发展起来，才需要完善的。这些业务找谁做？很多创业人是找自己的家人、朋友或同学。但是对于家庭企业而言，一旦发展成规模了，公司挣钱了，在利益面前可能就会有矛盾了。所以，管钱的活可以找自己人干，但是记账的工作适当应交给外人做。此时面临着招兼职或全职的问题，小编建议，企业不挣钱的时候，用兼职也是可以的，如果业务理顺了，找个全职的员工就非常关键了。

而在职责要求方面，老板们并不宜不管不问，而是要有方法。

比如需要每周汇报资金状况，并且查验资金余额；同时可以要求给自己安装一个手机银行，实时掌握支出收入变化；对于公章、财务章，需要分开管理，不能一甩手说"你们自己盖吧"，这是不行的。对于支票的签发、汇款等，需要考虑自己经手签字，并且需要会计与出纳每个月核对账目。大家经常听闻，有的单位业务员收取现金后自己溜了，或者出纳拿钱走了，等等，所以很多时候需要考虑收款方式。在经营中，还是应该减少公司账面上的现金流动。记得小编遇到一个企业，去收购废铁，当时对方就要现金，有时金额高达70多万元，银行对提现额度是有要求的，只有一些中小银行可以稍加通融。对此，老板们需要考虑现金使用上的可行性与风险性。

也有一些措施可以控制风险，如每半年花点费用，让外部人员（如事务所人员）帮忙复核一下。长期来看，与事务所签约，在风险控制上的效果可能更好，此时就真的需要找"对"人，要找到尽职尽责的专业人士。

我们的建议

在十年前，小编曾为别的公司代理记账，但最终，企业做不下去了,非说是代理记账的问题导致的。老板会质问:"为何我们公司的税负比朋友的高啊?能不能想办法给我们降低啊?"

小编想说,公司规模小的时候,主要是尝试业务模式,知道合规的底线,在此基础上,要找专业的人员进行适当规划,确保纳税处于有利、节约、合规的层面之上。而且老板也要自己看一点财税的书,多参加点活动,交几个财税法领域的朋友,兼听则明。

6.17

财税服务机构日常可为企业做什么

> **摘要：** 作为一个企业的创业人，可能因为一登记就出名了，各种代账、商标、广告等"专业人员"就出现了，找合作啊，搞推广啊，搞得我们的创业人不知如何应对。甚至有的机构还邀请知名创业者参加一些大型活动，给挂名之类。如此种种，作为创业人就要小心这帮"专业人员"了。

现实当中，我们经常接触到各种各样的服务机构，满口"风险""专业""渠道"等，到底该用不该用，这钱值不值得花，哪些是必须支出的，哪些是纯属"忽悠"，这才是我们要关注的。同时面对多个服务提供时，如何有效作出评估，是不是为节约成本就选便宜的，这些也需要关注。

6.17 财税服务机构日常可为企业做什么

第一类：无所不包的代理机构

这一类公司从原来的代理人力服务公司、代理记账公司、商标机构发展而来，甚至有以从事代理为主的上市公司。通常来讲，找代理，比如在成立公司这个环节找代理，业务是很简单的，费用也不高，但在这个过程中，老板要考虑这些代理单位提供的章程模板是不是可用，在签字方面有没有图省事就给代签了，而且，在哪个地方注册也是很重要的，股东们或出资人们都要提前想好。

在这个过程中，有的公司提供如"安心包"之类的服务，附赠一些增值服务。提示大家，在没有需要的时候，即使是赠送的服务，也没有接受的必要，因为天下没有免费的午餐。

找这些代理机构的时候，我们通常还是喜欢请熟悉的人介绍，毕竟广告再好，也不代表真的好。通常来讲，收费并不一定要求最低，只要流程标准可视、清楚，都是可以找的。在付款方式上，要尽量考虑办成再支付的方式。

第二类：运营期所需机构

（1）保护商标、著作权的业务。其实这个是很重要的，企业在没有出名之前并不值钱，但是如果真做好了，出名了，就真有必要了。所以，还是适当花些费用，提前"保值"为好。目前来讲，个人也是可以申请商标的，只是多以个体户的形式进行，因为必须有相应的经营事项支持。

有一些代理机构可能会大张旗鼓地宣传必须重视商标、著作权，意即企业将来真的壮大了，因为商标之争导致的利益损失不容少觑。其实，如果真的是重要的商标，建议还是做一些保护，但也没有必要在所有的品类中进行注册，毕竟成本还是很高的。

（2）律师、会计师等中介机构。对于商业模式，小编建议，如果是形成了商业线的交易模式，还是做一个专业评估为好，很多创业企业后期的补税"事故"，就是在这儿埋下的"祸根"。不一定有想法就要评估，只是在形成流水业务时，有必要做一下。

因为在不同筹划方式下，结果可能一样，但形式不同带来的税负也不同，而且最主要的是，创业人的"发票思维"比较少，虚开"红线"从一开始就要守住，包括主动与被动两个方面。

至于每年是否一定要做会计师审计、税务师审计，也不必着急，因为数据并不是公开市场需要的，只是供自己核算使用。不必套用所谓合规的公司操作方式来做，更不必找国际上哪几大事务所来审计。但是为赢得股东的信任去做审计这件事，这就是另外的需求了，此时就不要找小公司审了，毕竟小公司的利益影响、专业影响都有不可靠因素。

第三类：特殊情形下所需机构

经营中，难免有一些商业纠纷、举报、诉讼、税务、赔偿等方面的争议，很多创业人自己找朋友解决，也有一些人会找"关系人"。还有一些创业人属于"一人吃饱全家不饿"型，谁也不怕，采取野蛮方式应对，甚至威胁相关人员的人身安全，对法律没有敬畏之心，这么办肯定也是不行的。

在这种情形下，对于专业的底线把握还是要考虑的，是不是真的未被公平对待，这个支出是否真有必要？找人宜精不宜多，有时一个事情，搞得全城皆知，解决起来反而会更困难。

之前新闻报道了有的省份有些地方部门强制要求企业做税务鉴证，即使费用只有2 000元，但是其影响却是非常负面的。毕竟对于一家小企业来说，2 000元也是大支出啊，以致后来对于税务服务行业的冲击也是很大的。

此外，当下国务院正在持续推进简政放权，政府推出了很多的减化政策、优化政策，部门之间的重复审批等大大减少，机构改革也在推进，这些政策措施都有利于企业更多地将心思花在经营当中。

我们的建议

节约支出不一定就是好事。对于知识要认同与尊重,该花的钱自然有花的价值,我们往往在购买奢侈品的时候比较敢出手,而对于购买知识,有时差几百元都认为是亏了。这其实是整个社会认知的问题,我们的认识也需要实现从制造到智造的价值转化。

图书在版编目（CIP）数据

老板与税 / 郝龙航，王骏，张研主编.—北京：中国市场出版社，2018.11（2020.10重印）
ISBN 978-7-5092-1730-6

Ⅰ.①老… Ⅱ.①郝… ②王… ③张… Ⅲ.①企业管理–税收筹划–基本知识–中国 ②企业–避税–基本知识–中国 Ⅳ.①F812.423

中国版本图书馆CIP数据核字（2018）第239840号

老板与税
LAOBAN YU SHUI

主　　编	郝龙航　王　骏　张　研
责任编辑	辛慧蓉（xhr1224@aliyun.com）
出版发行	中国市场出版社 China Market Press
社　　址	北京西城区月坛北小街2号院3号楼
电　　话	编辑部（010）68033692　读者服务部（010）68022950
	发行部（010）68021338　68033577　68020340
	总编室（010）68020336　盗版举报（010）68020336
经　　销	新华书店
印　　刷	河北鑫兆源印刷有限公司
规　　格	145mm×210mm　32开本
印　　张	11.25　　　　　　　　　字　数　250 000
版　　次	2018年11月第1版　　　　印　次　2020年10月第2次印刷
书　　号	ISBN 978-7-5092-1730-6
定　　价	78.00元

版权所有　侵权必究　　印装差错　负责调换